制度环境变迁、信息技术进步与国家审计质量

上官泽明 著

中国财经出版传媒集团
中国财政经济出版社
·北京·

图书在版编目（CIP）数据

制度环境变迁、信息技术进步与国家审计质量 / 上官泽明著. -- 北京：中国财政经济出版社，2024. 12.
ISBN 978-7-5223-1389-4

I. F239.44

中国国家版本馆 CIP 数据核字第 20244AZ380 号

责任编辑：李瑞荣　　　　　　责任校对：胡永立
责任设计：卜建辰　　　　　　责任印制：史大鹏

制度环境变迁、信息技术进步与国家审计质量
ZHIDU HUANJING BIANQIAN、XINXI JISHU JINBU YU GUOJIA SHENJI ZHILIANG

中国财政经济出版社 出版

URL：http://www.cfeph.cn

E-mail：cfeph@cfemg.cn

（版权所有　翻印必究）

社址：北京市海淀区阜成路甲 28 号　邮政编码：100142
营销中心电话：010-88191522
天猫网店：中国财政经济出版社旗舰店
网址：https://zgczjjcbs.tmall.com

中煤（北京）印务有限公司印刷　各地新华书店经销
成品尺寸：170mm×240mm　16 开　14.5 印张　205 000 字
2024 年 12 月第 1 版　2024 年 12 月北京第 1 次印刷

定价：68.00 元

ISBN 978-7-5223-1389-4

（图书出现印装问题，本社负责调换，电话：010-88190548）
本社图书质量投诉电话：010-88190744
打击盗版举报热线：010-88191661　QQ：2242791300

本书得到国家自然科学基金青年项目"管理体制改革、信息技术进步与国家审计治理能力"（项目编号：71902108）资助

前言
PREFACE

审计机关自1983年成立以来，在维护财政经济秩序、提高财政资金效益、促进党风廉政建设、保障经济健康发展等方面发挥了重要作用。2023年5月23日，习近平总书记在二十届中央审计委员会第一次会议上明确提出："审计是党和国家监督体系的重要组成部分，是推动国家治理体系和治理能力现代化的重要力量。"同时还强调："审计整改'下半篇文章'与审计揭示问题'上半篇文章'同样重要，必须一体推进。"基于习近平总书记关于审计工作的重要论述，国家审计质量可以分为审计揭示问题质量（对应审计"上半篇文章"）和审计整改质量（对应审计"下半篇文章"）。如何有效提升国家审计质量，特别是如何提升审计揭示问题质量和审计整改质量，始终是中央审计委员会和各级党委审计委员会关注的重大现实问题。

新中国的国家审计事业是在改革开放的伟大进程中建立和发展起来的。在总结改革开放40年取得的成就时，吴晓波认为，"所有的重大变革主要是由两个因素造成的。其一是制度的创新与勇气……其二是技术带来的破壁效应"。在国家审计领域也同样如此，制度环境发生了深刻变革，信息技术实现了巨大进步，这两大因素对国家审计质量的提升也起到了关键作用。其中，制度环境的变革包括以审计机关负责人任免制度的持续改革、组建党委审计委员会为代表的强制性制度变迁，以及以社会公众诉求为代表的诱致性制度变迁；而信息技术的进步则包括审计机关的信息化建设，以及全社会的互联网快速发展。那么，这些强制性制度变迁和诱致性制度变迁如何影响国家审计质量？审计机关的信息化建设和全社会的互联网快速发展如何影响国家审计质量？这些都是当前审计理论研究亟须解答的重要问题。

本书将国家审计质量分解为审计揭示问题质量和审计整改质量，基于制度环境变迁的视角，研究强制性制度变迁、诱制性制度变迁能否以及如何影响审计揭示问题质量和审计整改质量；基于信息技术进步的视角，研究审计机关的信息化建设、全社会的互联网发展能否以及如何影响审计揭示问题质量和审计整改质量。本书的研究内容和主要发现如下：

（1）基于省级审计机关负责人任期的视角，研究强制性制度变迁对审计揭示问题质量的影响。研究发现：省级审计机关负责人的任期越长，越有利于促进审计揭示问题质量的提升；以省级审计机关负责人任免制度持续改革为代表的强制性制度变迁，会增强审计独立性，从而促进审计揭示问题质量的提升；当新任省级审计机关负责人是由行政级别晋升或拥有在财政系统工作的经历时，其任期对审计揭示问题质量的提升作用会更显著；在财政状况较差的地区，其任期对审计揭示问题质量的提升作用也更显著；从"经济体检"作用的全过程来看，省级审计机关负责人的任期还有助于促进审计整改质量的提升。

（2）基于组建党委审计委员会的视角，研究强制性制度变迁对审计整改质量的影响。研究发现：组建党委审计委员会可以有效提升审计整改质量，表明"自上而下"的强制性制度变迁可以促进审计整改质量的提升；改善政府及主管部门部署和督促审计整改的态度，以及增强被审计单位落实整改的决心是组建党委审计委员会提升审计整改质量的重要机制；异质性分析发现，当人大需求较强、审计机关信息化建设水平更高时，组建党委审计委员会对审计整改质量的提升效应会更强。

（3）基于社会公众诉求的视角，研究诱致性制度变迁对审计整改质量的影响。研究发现：社会公众诉求可以有效提升审计整改质量，表明"自下而上"的诱致性制度变迁可以促进审计整改质量的提升；增加被审计单位的整改压力是公众诉求促进审计整改质量提升的重要机制；在不同的法治环境、人大需求和区域位置，公众诉求对审计整改质量的提升效应存在显著差异。

（4）基于审计机关信息化建设的视角，研究信息技术进步对审计揭示问题质量的影响。研究发现：审计机关信息化建设能够提升审计揭示问题质量；当审计任务更多、审计人员编制更少时，信息化建设对审计揭示问题质量的提升效应更显著；在中西部地区和法治环境较好的地区，以及在不确定性规避程度高、未来导向程度高、人际关怀导向程度高的地区，审计机关信息化建设对审计揭示问题质量的提升作用更显著。

（5）基于全社会互联网发展的视角，研究信息技术进步对审计整改质量的影响。研究发现：互联网发展可以有效提升审计整改质量，表明互联网发展可以成为新时代提升审计整改质量的新动能；增强人大预算监督能力、改善政府及主管部门部署和督促的态度、提高审计机关跟踪检查整改情况的工作效率是互联网发展提升审计整改质量的重要机制；在制度环境较差和财政压力较大的地区，互联网发展对审计整改质量的提升作用更显著。

本书的理论意义在于：

（1）构建了适用于国家审计质量的"制度+技术"理论分析框架。本书结合国家审计立足于经济监督的定位，以"制度+技术"这一分析框架为基础，研究制度环境变迁和信息技术进步对国家审计质量的影响。

（2）深化了国家审计质量内涵和外延等基础问题的理论研究。本书以习近平总书记在二十届中央审计委员会第一次会议上关于审计整改"下半篇文章"与审计揭示问题"上半篇文章"必须一体推进的要求为依据，将国家审计质量分解为审计揭示问题质量与审计整改质量。同时，本书结合国家审计的基本特征表现，将审计揭示问题质量与审计独立性、审计专业性结合起来进行分析，将审计整改质量与审计权威性结合起来进行分析。

（3）拓宽了国家审计领域的制度变迁理论研究视角。本书将国家审计领域的制度环境变迁分解为以审计机关负责人任免制度持续改革、组建党委审计委员会为代表的强制性制度变迁，以及以公众诉求为代表的诱致性制度变迁，系统性地研究了这些制度环境变迁如何影响国家审计质量。

（4）丰富了信息技术进步赋能国家审计质量提升的理论研究成果。本书结合审计揭示问题"上半篇文章"与审计整改"下半篇文章"涉及主体有较大差异的特殊性，基于审计机关的单一视角研究了审计机关信息化建设通过增强审计专业性对审计揭示问题质量的影响，基于多主体的综合视角研究了互联网发展通过赋能审计整改涉及多元主体行为对审计整改质量的影响。

本书的现实意义在于：

（1）为中央审计委员会进行顶层设计提供决策参考。本书可以为中央审计委员会了解审计管理体制改革的实际效果提供经验证据，也可以为中央审计委员会对提升审计监督的独立性、权威性从而将其打造为经济监督的"特种部队"提供决策参考，还可以为中央审计委员会对进一步明确党委、人大、政府及主管部门、审计机关、被审计单位在审计整改这一系统工程中的整改责任提供决策参考。

（2）为审计机关加强审计信息化建设和构建审计整改总体格局提供决策参考。本书可以为审计机关明确"金审三期"工程建设的重点提供决策参考，也可以为审计机关通过审计整改信息化平台探索构建全面整改、专项整改、重点督办等多种方式相结合的审计整改总体格局提供参考。

（3）为人大加强预算联网监督和政府加强"互联网+督查"提供决策参考。本书可以为人大进一步完善预算联网监督平台、加强审计整改落实情况的跟踪监督提供决策参考，也可以为政府提高"互联网+督查"能力特别是将审计查出突出问题的整改情况作为督查的重点领域和重点内容提供决策参考。

（4）为积极引导社会公众合理参与审计监督提供现实依据。本书的研究结论有利于社会公众充分使用互联网平台，合理合法表达对审计整改情况的意见和建议；也有利于人大代表关注社会公众对审计整改的诉求，通过提案推动审计整改制度的完善；还有利于审计机关按照规定将审计整改情况向社会公众进行公告、积极引导社会舆论推动审计整改。

本书可能的创新和研究贡献如下：

（1）研究视角的创新。第一，构建了"制度+技术"的分析框架，按照"强制性制度变迁——诱致性制度变迁——信息技术进步"的并行逻辑，同时研究这些因素对国家审计质量的影响。第二，将国家审计质量分解为审计揭示问题质量与审计整改质量，并将国家审计的独立性、权威性和专业性等基本特征嵌入作用机理的分析中，分析了审计揭示问题质量与审计独立性、专业性之间的关系，审计整改质量与审计权威性之间的关系，以及制度环境变迁、信息技术进步分别影响审计揭示问题质量与审计整改质量的作用机理。

（2）研究内容的创新。第一，基于2006年修订《中华人民共和国审计法》、2010年修订《中华人民共和国审计法实施条例》和2015年出台《关于完善审计制度若干重大问题的框架意见》对省级审计机关负责人任免制度的持续改革会增强审计独立性的视角，研究了省级机关负责人任期对审计揭示问题质量的影响。第二，基于党委审计委员会运行能够增强审计权威性的视角，研究了组建党委审计委员会对审计整改质量的影响。第三，基于公众诉求引发的"自下而上"的诱致性制度变迁视角，研究了社会公众诉求对审计整改质量的影响。第四，基于审计机关信息化建设会增强审计专业性的视角，研究了地市级审计机关的信息化建设对审计揭示问题质量的影响，特别是信息化建设在审计任务繁重和审计力量不足之间矛盾日益突出的价值所在。第五，聚焦于信息技术赋能审计整改涉及的多元治理主体行为，研究了互联网发展对审计整改质量的影响，并从人大预算监督能力、政府及部门部署和督促审计整改的态度、审计机关督促审计整改的效率等方面分析了作用机制。

上官泽明

2024年7月

目 录

第1章 绪论 / 001

1.1 研究背景与研究意义 …………………………………………… 001
1.2 核心概念界定 …………………………………………………… 007
1.3 研究内容与研究框架 …………………………………………… 011
1.4 研究思路与研究方法 …………………………………………… 014
1.5 研究创新 ………………………………………………………… 017

第2章 文献综述 / 020

2.1 国家审计质量及其影响因素研究 ……………………………… 020
2.2 国家审计制度变化对审计作用发挥的影响研究 ……………… 026
2.3 信息技术发展对审计作用发挥的影响研究 …………………… 029
2.4 文献述评 ………………………………………………………… 031

第3章 制度背景、理论基础与分析框架 / 034

3.1 制度背景 ………………………………………………………… 034
3.2 理论基础 ………………………………………………………… 048
3.3 分析框架 ………………………………………………………… 053

第 4 章 强制性制度变迁与审计揭示问题质量：基于省级审计机关负责人任期的视角 / 055

- 4.1 研究缘起 …………………………………………………… 055
- 4.2 理论分析与研究假说 ……………………………………… 057
- 4.3 研究设计 …………………………………………………… 059
- 4.4 实证分析 …………………………………………………… 062
- 4.5 稳健性检验 ………………………………………………… 065
- 4.6 进一步研究 ………………………………………………… 071
- 4.7 本章小结 …………………………………………………… 076

第 5 章 强制性制度变迁与审计整改质量：基于组建党委审计委员会的视角 / 078

- 5.1 研究缘起 …………………………………………………… 078
- 5.2 理论分析与研究假说 ……………………………………… 079
- 5.3 研究设计 …………………………………………………… 082
- 5.4 实证分析 …………………………………………………… 086
- 5.5 稳健性检验 ………………………………………………… 088
- 5.6 进一步研究 ………………………………………………… 094
- 5.7 本章小结 …………………………………………………… 100

第 6 章 诱致性制度变迁与审计整改质量：基于社会公众诉求的视角 / 102

- 6.1 研究缘起 …………………………………………………… 102
- 6.2 理论分析与研究假说 ……………………………………… 103
- 6.3 研究设计 …………………………………………………… 106
- 6.4 实证分析 …………………………………………………… 109
- 6.5 稳健性检验 ………………………………………………… 111
- 6.6 进一步研究 ………………………………………………… 118
- 6.7 本章小结 …………………………………………………… 123

第7章 信息技术进步与审计揭示问题质量：基于审计机关信息化建设的视角 / 125

- 7.1 研究缘起 ··· 125
- 7.2 理论分析与研究假说 ······························· 126
- 7.3 研究设计 ··· 129
- 7.4 实证分析 ··· 132
- 7.5 稳健性检验 ······································· 136
- 7.6 进一步研究 ······································· 140
- 7.7 本章小结 ··· 146

第8章 信息技术进步与审计整改质量：基于全社会互联网发展的视角 / 148

- 8.1 研究缘起 ··· 148
- 8.2 理论分析与研究假说 ······························· 151
- 8.3 研究设计 ··· 155
- 8.4 实证分析 ··· 158
- 8.5 稳健性检验 ······································· 160
- 8.6 进一步研究 ······································· 172
- 8.7 本章小结 ··· 181

第9章 研究结论与政策启示 / 183

- 9.1 研究结论 ··· 183
- 9.2 政策启示 ··· 185
- 9.3 研究局限和未来展望 ······························· 189

参考文献 ··· 193
后记 ··· 214

第 1 章

绪论

1.1 研究背景与研究意义

1.1.1 研究背景

审计机关自1983年成立以来,在维护财政经济秩序、提高财政资金效益、促进党风廉政建设、保障经济健康发展等方面发挥了重要作用。特别是新时代以来,国家审计为促进重大政策措施落实、维护国家经济安全、推动全面深化改革、促进全面依法治国、推进全面从严治党等做了重要贡献。2018年3月,党的十九届三中全会审议通过的《深化党和国家机构改革方案》(以下简称《改革方案》)提出,为加强党中央对审计工作的领导,构建集中统一、全面覆盖、权威高效的审计监督体系,更好发挥审计监督作用,决定组建中央审计委员会,作为党中央决策议事协调机构。国家审计已成为党和国家监督体系的重要组成部分,以及推动国家治理体系和治理能力现代化的重要力量。

2023年5月23日,中央审计委员会主任习近平主持召开二十届中央审计委员会第一次会议。会议提出,在强国建设、民族复兴的新征程上,审计担负重要使命,要立足经济监督定位,聚焦主责主业,更好发挥审计在推进党的自我革命中的独特作用。会议指出,做好新时代新征程审计工作,总的要求是"在构建集中统一、全面覆盖、权威高效的审计监督体系，更好发挥审计监督作用上聚焦发力"，要将审计监督打造为经济监督的"特种部队"。可见，国家审计的首要定位是经济监督，为了将国家审计打造为经济监督的"特种部队"，必须注重提高国家审计质量。会议强调："审计整改'下半篇文章'与审计揭示问题'上半篇文章'同样重要，必须一体推进。"基于习近平总书记关于审计工作的上述重要论述，国家审计质量可以划分为审计揭示问题质量（对应审计"上半篇文章"）和审计整改质量（对应审计"下半篇文章"）。如何有效提升国家审计质量，特别是如何提升审计揭示问题质量和审计整改质量，始终是中央审计委员会和各级党委审计委员会关注的重大现实问题。

新中国的国家审计事业是在改革开放的伟大进程中建立和发展起来的。在总结改革开放40年取得的成就时，知名财经作家吴晓波认为："所有的重大变革主要是由两个因素造成的。其一是制度的创新与勇气……其二是技术带来的破壁效应。"在国家审计领域也同样如此，制度环境发生了深刻变革，信息技术也实现了巨大进步，对国家审计质量的影响起到了关键作用。其中，制度环境的变革包括以审计机关负责人任免制度的持续改革、组建党委审计委员会为代表的强制性制度变迁，以及以社会公众诉求为代表的诱致性制度变迁；而信息技术的进步则包括审计机关的信息化建设，以及全社会的互联网快速发展。

从强制性制度变迁的角度来看，审计的独立性和权威性在不断增强。其一，在独立性方面，2006年修订的《中华人民共和国审计法》以及2010年修订的《中华人民共和国审计法实施条例》都专门明确了"地方各级审计机关负责人的任免，应当事先征求上一级审计机关的意见"，中共中央办公厅、国务院办公厅于2015年印发的《关于完善审计制度若干重大问题的框架意见》（以下简称《框架意见》）特别明确了"任免省级审计机关正职须事先征得审计署党组同意，任免省级审计机关副职须事先征求审计署党组意见"。那么，审计机关负责人任免制度的持续改革是否会通过提升审计独立性从而对审计揭示问题质量产生影响？其二，在权威性方面，2018年中央审计委员会成立以来，《关于加强地方党委审计委员会工作的指导意见》《关于建立健全审计查出问题整改长效机制的意见》《省级党委审计委员会重大事项请示报告实施办法》等制度文件相继出台，为巩固和加强党对审计工作的领导提供了坚强的制度保障。党委审计委员会的成立和运行使审计监督具有了更高的政治权威、制度权威和工作权威（王永海，2024）。那么，组建党委审计委员会是否会通过提升审计权威性从而对审计整改质量产生影响？

从诱致性制度变迁的角度来看，社会公众对国家审计特别是审计整改的诉求不断增多，被审计单位感知到的整改压力不断增加。中国共产党的宗旨是全心全意为人民服务，作为党领导下的国家审计必须体现党的宗旨，为实现党的宗旨服务。因此，国家审计的根本目标是维护人民群众的根本利益（刘家义，2015）。从国家审计的委托人对国家审计是否满意的视角来看，能否有效"纠正"违法违纪问题从而遏制"屡审屡犯"现象发生，正是社会公众最为关心的话题（史宁安等，2006；孙宝厚，2008）。然而，审计发现问题的"屡审屡犯"逐步让公众审"丑"疲劳，社会公众对提高审计整改质量的诉求也越来越强烈。从百度指数中的"审计整改报告"与"审计整改情况报告"两个关键词来看，近些年来的搜索量逐年上升。从近年来微信公众号上自媒体节选的审计工作报告及审计整改工作报告内容的阅读量、转发量和评论量来看，社会公众对如何减少"屡审屡犯"给予了更多的关注和诉求。那么，社会公众诉求是否会通过增加被审计单位的压力从而对审计整改质量产生影响？

从信息技术进步的不同角度来看，审计机关的信息化建设和全社会的互联网发展提升了审计的专业性。其一，我国在2002年正式启动国家审计信息化建设项目（简称"金审工程"，China's Golden Auditing Project），"金审工程"的三期建设在2015年取得了立项，在2021年完成了审计署本级的"金审工程"三期项目建设任务，省级及以下审计机关的"金审工程"三期项目目前进入了建设应用和持续优化阶段。那么，审计机关的信息化建设是否会通过提升审计专业性从而对审计揭示问题质量产生影响？其二，互联网的快速发展对涉及审计整改工作的人大、政府及主管部门、审计机关等诸多主体也产生了深远的影响。例如，全国人大常委会办公厅在2017年

6月印发的《关于推进地方人大预算联网监督工作的指导意见》；国务院在2021年12月印发的《"十四五"数字经济发展规划》中明确提出，要提高"互联网+政务服务"效能；中央审计委员会办公室、审计署在2021年6月出台的《"十四五"国家审计工作发展规划》专门提出，要"加强审计整改信息化建设"。那么，全社会的互联网发展是否会赋能涉及审计整改多元主体的行为，从而对审计整改质量产生影响？

综合来看，审计揭示问题"上半篇文章"与审计整改"下半篇文章"涉及的主体有较大差异，这也导致审计揭示问题质量与审计整改质量的影响因素有较大差异。审计揭示问题质量主要取决于审计机关和审计人员"发现"和"报告"问题的能力；"发现"问题与审计专业性密切相关，而"报告"问题则与审计独立性密切相关。审计整改质量主要取决于外部主体给予的压力。审计整改的落实很大程度上直接或间接依赖其他主体的压力，其中，来自上级单位的压力最为直接，而人民的压力最为根本（钱弘道、谢天予，2019）。审计整改情形按情节性质可以分为两种类型：仅涉及审计决定（情节一般）的审计整改通常是由审计机关跟踪督办，这种情形的整改质量更容易受到人民压力的影响；涉及审计移送处理（情节严重）的审计整改则会移交或移送纪检监察、公安等部门核查并落实整改问责，这种情形的整改质量更容易受到党委审计委员会（与审计权威性相关）的影响。

基于此，本书将国家审计质量分解为审计揭示问题质量和审计整改质量，从制度环境变迁与信息技术进步的视角来研究如何提升审计揭示问题质量和审计整改质量，具体内容包括：（1）基于省级审计机关负责人任期的视角，研究审计机关负责人任免制度改革的这一强制性制度变迁对审计揭示问题质量的影响；（2）基于地方党委审计委员会召开第一次会议的视角，研究组建党委审计委员会这一强制性制度变迁对审计整改质量的影响；（3）基于社会公众诉求的视角，研究诱致性制度变迁对审计整改质量的影响；（4）基于审计机关信息化建设的视角，研究信息技术进步赋能审计机关这一单一主体对审计揭示问题质量的影响；（5）基于全社会互联网发展的视角，研究信息技术进步赋能审计整改涉及多元主体对审计整改质量的影响。

1.1.2 研究意义

基于二十届中央审计委员会第一次会议提出的将国家审计打造为经济监督的"特种部队",以及审计整改"下半篇文章"与审计揭示问题"上半篇文章"必须一体推进的要求,必须注重提高国家审计质量,特别是注重提高审计揭示问题质量(对应审计"上半篇文章")与审计整改质量(对应审计"下半篇文章")。本书构建了"制度+技术"的分析框架,研究制度环境变迁、信息技术进步对国家审计质量的影响,具有较好的理论意义和现实意义。

(1)理论意义。

第一,构建了适用于国家审计质量的"制度+技术"理论分析框架。虽然国家审计所在的审计学按照学科划分属于工商管理类,但是企业管理和财务管理的理论研究框架对国家审计研究的适用性比较有限。相反,经济学领域经常使用的"制度+技术"经典分析框架就非常适合国家审计的理论研究。本书结合国家审计立足于经济监督的定位,以"制度+技术"这一分析框架为基础,研究制度环境变迁和信息技术进步对国家审计质量的影响。

第二,深化了国家审计质量内涵和外延等基础问题的理论研究。国家审计质量一直都是国家审计理论研究的基础问题和热点问题,然而对国家审计质量的内涵维度和外延表现研究一直缺乏权威的理论依据。本书以习近平总书记关于审计工作的重要论述为依据,特别是习近平总书记在二十届中央审计委员会第一次会议上关于审计整改"下半篇文章"与审计揭示问题"上半篇文章"必须一体推进的要求,将国家审计质量分解为审计揭示问题质量与审计整改质量。同时,本书结合国家审计的基本特征表现,将审计揭示问题质量与审计独立性、审计专业性结合起来进行分析,将审计整改质量与审计权威性结合起来进行分析。

第三,拓宽了国家审计领域的制度变迁理论研究视角。本书将国家审计领域的制度环境变迁分解为以审计机关负责人任免制度持续改革、组建党委审计委员会为代表的强制性制度变迁,以及以公众诉求为代表的诱致性制度变迁,系统性地研究了这些制度环境变迁如何影响国家审计质量。

其一，基于省级审计机关负责人任期的视角，研究了2017年及之前的审计机关负责人任免制度持续改革这一强制性制度变迁通过增强审计独立性对审计揭示问题质量的影响；其二，基于组建党委审计委员会的视角，研究了2018年及之后的审计管理体制改革通过增强审计权威性对审计整改质量的影响；其三，基于社会公众对审计整改关注的视角，研究了诱致性制度变迁通过增强外部压力对审计整改质量的影响。

第四，丰富了信息技术进步赋能国家审计质量提升的理论研究成果。本书结合审计揭示问题"上半篇文章"与审计整改"下半篇文章"涉及主体有较大差异的特殊性，基于审计机关的单一视角研究了审计机关信息化建设通过增强审计专业性对审计揭示问题质量的影响，基于多主体的综合视角研究了互联网发展通过赋能审计整改涉及多元主体行为对审计整改质量的影响。

（2）现实意义。

第一，为中央审计委员会进行顶层设计提供决策参考。本书较为深入地考察了审计管理体制改革对审计揭示问题质量和审计整改质量的影响，可以为中央审计委员会了解审计管理体制改革的实际效果提供经验证据，也可以为中央审计委员会对提升审计监督的独立性、权威性从而将其打造为经济监督的"特种部队"提供决策参考，还可以为中央审计委员会对进一步明确党委、人大、政府及主管部门、审计机关、被审计单位在审计整改这一系统工程中的整改责任提供决策参考。

第二，为审计机关加强审计信息化建设和构建审计整改总体格局提供决策参考。本书研究了审计机关信息化建设在破解审计任务繁重与审计力量不足之间突出矛盾中提升审计揭示问题质量的效果，以及"金审工程"中的审计整改信息化建设对提升审计机关督促审计整改效率从而提升审计整改质量的影响，可以为审计机关明确"金审三期"工程建设的重点提供决策参考，也可以为审计机关通过审计整改信息化平台探索构建全面整改、专项整改、重点督办等多种方式相结合的审计整改总体格局提供参考。

第三，为人大加强预算联网监督和政府加强"互联网+督查"提供决策参考。本书研究了互联网发展通过提升人大预算监督能力、改善政府及主管部门部署和督促整改态度对审计整改质量的影响，可以为人大进一步完善预算联网监督平台、加强对审计整改落实情况的跟踪监督提供决策参考，也可以为政府提高"互联网+督查"能力，特别是将审计查出突出问题的整改情况作为督查的重点领域和重点内容提供决策参考。

第四，为积极引导社会公众合理参与审计监督提供现实依据。本书研究了公众诉求对提升审计整改质量的影响，有利于社会公众充分使用互联网平台，合理合法表达对审计整改情况的意见和建议；也有利于人大代表关注社会公众对审计整改的诉求，通过议案推动审计整改制度的完善；还有利于审计机关按照规定将审计整改情况向社会公众进行公告、积极引导社会舆论推动审计整改。

1.2 核心概念界定

1.2.1 制度环境变迁

本书所指的制度环境变迁是专指国家审计领域的制度环境变迁，包括以省级审计机关负责人任免制度的持续改革、组建党委审计委员会为代表的强制性制度变迁，以及以社会公众对审计整改关注的诉求为代表的诱致性制度变迁。

（1）省级审计机关负责人任免制度的持续改革。2006年修订的《中华人民共和国审计法》以及2010年修订的《中华人民共和国审计法实施条例》都修改了"地方各级审计机关负责人的任免，应当事先征求上一级审计机关的意见"这条内容。中共中央办公厅、国务院办公厅于2015年印发的《框架意见》中则明确提到"任免省级审计机关正职须事先征得审计署党组同意，任免省级审计机关副职须事先征求审计署党组意见"。因此，本书将2018年以前的上述制度变迁界定为省级审计机关负责人任免制度的持续改革，这一制度改革将会影响审计监督的独立性，具体表现为省级审计机关负责人任期的独立性。

（2）组建党委审计委员会的制度改革。2017年10月，党的十九大作出了改革审计管理体制的决策部署；2018年2月，党的十九届三中全会审议通过的《改革方案》提出，为加强党中央对审计工作的领导，构建集中统一、全面覆盖、权威高效的审计监督体系，更好发挥审计监督作用，组建中央审计委员会，作为党中央决策议事协调机构。习近平总书记亲自担任中央审计委员会主任，时任国务院总理李克强、中央政治局常委书记赵乐际分别担任副主任。中央审计委员会成立后，审计监督的权威性大大增强（赵广礼，2019），审计监督具有了高度的政治权威、制度权威和工作权威（王永海，2024）。按照《改革方案》要求，地方县级及以上党委也纷纷组建了审计委员会，并明确了审计委员会的职责。在各级审计委员会领导成员中，一位副主任由同级行政首长担任，另一位副主任则由同级党委常委、纪律检查委员会书记担任。因此，本书将上述制度变迁界定为组建党委审计委员会的制度改革，这一制度改革会影响审计的权威性。

（3）社会公众对审计整改诉求的诱致性制度变迁。与前述权力部门推动的"自上而下"的强制性变迁具有较强刚性有所不同，由公众推动的"自下而上"的诱致性制度变迁则具有较强的柔性。随着民主政治的发展和移动互联网的兴起，社会公众参与治理的意愿和需求越来越强。对于国家审计而言，社会公众不仅关心审计机关发现了哪些问题，更关心审计发现的问题有没有得到整改。社会公众会通过互联网搜集和查找审计整改情况，例如，会在百度网站上搜索"审计整改报告""审计整改情况报告"来查找相关新闻。需要说明的是，虽然审计分为国家审计、内部审计和社会审计，但是社会审计通常很少使用整改一词，内部审计由于对内很少向外公开，而国家审计的"下半篇文章"就是审计整改。因此，"审计整改报告""审计整改情况报告"的关键词搜索变化情况，可以很好地代表本地社会公众对审计机关发现问题整改情况的关注度和满意度等诉求，可以更好地代表"自下而上"推动审计整改的诱致性制度变迁。

1.2.2 信息技术进步

技术进步是经济学中的专有名词，是指技术不断发展、完善和新技术不断代替旧技术的过程。从新技术代替旧技术的视角来看，人类历史上曾经发生过三次大的科技革命，分别是蒸汽技术革命（第一次工业革命），电力技术革命（第二次工业革命）和计算机及信息技术革命（第三次工业革命），我们正在迎来第四次工业革命，其中就包括以5G网络、人工智能、量子信息技术等为主要代表的全新的技术革命（冷德熙，2019）。毫无疑问，信息技术进步是当前技术进步的核心关键内容。

信息技术进步在国家审计领域的表现为审计工作涉及不同主体的信息化建设：

从审计机关的单一主体来看，信息技术进步表现为审计机关的信息化建设，以往是指"金审工程"一期项目、二期项目的建设，当前则是指"金审工程"三期项目的建设。

从与审计工作环境相关特别是审计整改环境相关的综合主体来看，信息技术进步可以视为全社会的互联网快速发展，表现为互联网用户的普及率、人大的预算联网监督平台建设、政府及主管部门的"互联网+政务服务"，特别是"互联网+督查"，以及审计机关的审计整改信息化建设。

考虑到本书已经在诱致性制度变迁中研究了社会公众诉求，但在信息技术进步的概念界定中则专指社会公众以外的人大、政府及主管部门、审计机关等主体的信息化建设。

需要说明的是，"审计整改信息化建设"专指审计机关在督促审计整改中（对应审计整改"下半篇文章"）运用到的信息化建设。这一专业术语出自中央审计委员会办公室、审计署发布的《"十四五"国家审计工作发展规划》中的"十三、督促审计查出问题全面整改落实"部分。"审计整改信息化建设"的具体要求是"采取网上追踪和现场检查相结合、对账销号等方式，推动提升整改效果，实现审计整改由治标多治本少向标本兼治转变"。由于该规划是审计署发布的，此处的"审计整改信息化建设"专指审计整改管理系统的开发和运用。例如，审计署应当坚持清单化管理，以信息化为抓手，创新研发审计整改管理系统，建立审计整改管理台账，在审计署内部部署启用，实现审计查出问题整改情况的全过程线上管理和流程化跟踪（彭华彰，2024）。

1.2.3　国家审计质量

国家审计质量的概念与其维度划分密切相关,目前关于国家审计质量的维度划分,有以下几种常见的类型:

第一,基于CPA审计质量经典观点的提炼和延伸。审计质量是审计师"发现"和"报告"财务报表中重大错报的联合概率(DeAngelo,1981),在此基础上,我国一些学者提出国家审计质量不仅包括"发现"和"报告"违规违法问题,还应该包括"纠正"违规违法问题,即审计发现问题的"整改"情况(赵劲松,2005;王跃堂、黄溶冰,2008;董延安,2008;马轶群,2014)。这一概念界定最为科学和清晰,但是从操作层面来看,"报告"问题是在审计机关出具审计报告初稿、征求被审计单位意见的基础上进行的;但审计"发现"问题是否进行全面"报告",则是属于审计双方的"共同知识",其他外部主体却不得而知。多数情况下,为了方便研究,会将"发现"问题与"报告"问题直接等同起来。

第二,基于"免疫系统"理论的设计。自刘家义(2012)提出国家审计的本质是国家治理这个大系统中内生的具有预防、揭示和抵御功能的"免疫系统"这一观点后,很多研究从"预防""揭示""抵御"的维度来分析和研究国家审计质量。但是在实际操作中,很多研究对"预防"功能和"抵御"功能存在概念交叉和随意混用的现象。

第三,基于常态化"经济体检"理论的设计。2018年12月,习近平总书记对审计整改情况作出重要批示,指出审计就像体检,不仅是为了查病,更是为了治已病,防未病。已有文献从"查病""治已病"和"防未病"的角度对国家审计质量进行研究(上官泽明、赵晓艳,2021)。从内涵来看,"查病"等同于前述的"发现"和"报告"或"揭示";"治已病"和"防未病"则等同于前述的"纠正"(或"整改")或"预防""抵御"。

综上所述,已有文献对国家审计质量维度的划分都具有一定的合理性和代表性,但是并未形成统一的认识。习近平总书记关于审计工作的重要论述,应当成为开展国家审计理论研究的重要依据。2023年5月,习近平总书记在二十届中央审计委员会第一次会议上的重要讲话应当是当前开展国家审计理论研究特别是国家审计质量研究的重要依据。此次会议上提出，审计整改"下半篇文章"与审计揭示问题"上半篇文章"同样重要，必须一体推进。因此，本书将基于习近平总书记对审计工作的最新论述，从审计揭示问题质量与审计整改质量的角度研究国家审计质量。

需要说明的是，本书将从不同角度来分析审计整改质量。这是因为，审计整改意见既包括审计报告（含附表）就每项问题提出的整改要求，也包括以审计信息向主管部门或其他监督部门提出查处和整改建议（彭华彰，2024）。前者是指对审计决定（情节一般）反映的问题由审计机关跟踪督办，被审计单位须在规定期限内完成整改；后者是指对重大问题线索（情节严重），移交或移送纪检监察、公安等部门核查并落实整改问责，结果及时反馈审计机关。换言之，对于情节一般的审计整改情况，可以从审计机关作出审计处理的落实情况来研究；对于情节严重的审计整改情况，可以从审计机关移送至纪检监察、司法等部门的事项落实情况来研究。

1.3　研究内容与研究框架

1.3.1　研究内容

基于以上研究思路，全书分为9章，具体如下：

第1章，绪论。本章主要介绍了本书选题的现实背景、政策背景和理论背景，阐明了本书的理论意义和现实意义，对本书中所指的制度环境变迁、信息技术进步与国家审计质量等概念进行了专门界定，阐述本书的研究思路与研究内容，提炼本书的研究创新。

第2章，文献综述。本章主要从国家审计质量及其影响因素、国家审计制度变化对审计作用发挥的影响、信息技术发展对审计作用发挥的影响等三个方面进行文献综述，为后文的实证分析提供理论基础和文献支撑。

第3章，制度背景、理论基础与研究框架。首先，在制度背景部分，介绍了审计机关负责人的任免制度变化、中央审计委员会及其对审计整改要求的制度演进、社会公众对审计整改关注的演进、审计机关的信息化建设历程和涉及审计整改的其他监督主体信息化建设历程。其次，在理论基础部分，分析了习近平总书记关于审计工作的重要论述与国家审计质量的表现、制度变迁理论视角下国家审计质量提升的机理、路径依赖理论视角下相关主体信息化建设赋能国家审计质量提升的机理。最后，构建制度环境变迁、信息技术进步影响国家审计质量的分析框架，以此统领后文实证研究的设计和政策启示的提炼。

第4章，强制性制度变迁与审计揭示问题质量：基于省级审计机关负责人任期的视角。本章侧重于从2017年及之前审计机关负责人任免制度改革会提升审计独立性的视角，研究早期强制性制度变迁对审计揭示问题质量的影响。首先，在理论分析的基础上，选取2008—2017年省级面板数据，实证研究省级审计机关负责人任期对审计揭示问题质量的影响。其次，通过分组回归的方式，研究2010年《中华人民共和国审计法实施条例》的修订前后、2015年《框架意见》的出台前后省级审计机关负责人任期对审计揭示问题质量的影响是否会有变化，来揭示审计独立性提升的作用机制。再次，从新任审计机关负责人的任职特征、地方财政状况特征等方面开展了异质性分析。最后，本章还研究了省级审计机关负责人的任期对审计整改质量的影响。

第5章，强制性制度变迁与审计整改质量：基于组建党委审计委员会的视角。本章侧重于从2018年及之后组建党委审计委员会提升审计权威性的视角，研究后期强制性制度变迁对审计整改质量的影响。首先，在理论分析的基础上，选取2016—2021年省级面板数据，结合各省党委审计委员会第一次召开时间，构建双重差分模型实证研究组建党委审计委员会对审计整改质量的影响。其次，从改善政府及主管部门部署和督促整改态度的角度、增强被审计单位落实整改的决心出发，研究党委审计委员会提升审计整改质量的机制。最后，从人大需求、审计机关信息化建设等方面开展了异质性分析。

第6章，诱致性制度变迁与审计整改质量：基于社会公众诉求的视角。本章基于"审计整改报告""审计整改情况报告"的百度指数，研究社会公众对审计整改的诉求对审计整改质量的影响。首先，在理论分析的基础上，选取2012—2021年省级面板数据，实证研究公众诉求对审计整改质量的影响。其次，基于"新增压力"的视角研究发现，公众诉求通过增加被审计单位的整改压力对审计整改质量的影响。最后，从法治环境、地方"既有压力"和区域位置等方面开展了异质性分析。

第7章，信息技术进步与审计揭示问题质量：基于审计机关信息化建设的视角。本章侧重于从审计机关信息化建设会提升审计专业性的视角，研究审计机关单一主体的信息技术进步对审计揭示问题质量的影响。首先，在理论分析的基础上，选取2015—2019年地市级审计机关为研究对象，实证研究地市级审计机关信息化建设对审计揭示问题质量的影响。其次，研究了当审计任务相对繁重、审计人员相对较少时，地市级审计机关信息化建设对审计揭示问题质量的影响是否会有变化，来分析实现审计监督全覆盖背景下审计机关信息化建设相较于增加审计人员编制的优势。最后，从不同区域位置、法治环境、社会价值观等方面开展了异质性分析。

第8章，信息技术进步与审计整改质量：基于全社会互联网发展的视角。本章侧重于从全社会互联网发展会赋能审计整改涉及多元主体行为的视角，研究互联网发展对审计整改质量的影响。首先，在理论分析的基础上，选取省级面板数据，实证研究互联网发展对审计整改质量的影响。其次，研究了互联网发展通过增强人大预算监督能力、改善政府及主管部门部署和督促的态度、提高审计机关跟踪检查整改情况的工作效率对审计整改质量的影响。最后，从制度环境、财政压力等方面开展了异质性分析。

第9章，研究结论与政策启示。首先，本章对全书的研究内容、研究发现进行总结。其次，根据研究结论，从党委审计委员会、审计机关、人大、政府、公众等不同角度得出相应的政策启示。最后，分析本书的研究局限，对未来研究方向进行了展望。

1.3.2 研究框架

本书按照"研究价值——研究机会——研究基础——研究发现——研究总结"的顺序构建了研究框架，具体如图1-1所示。

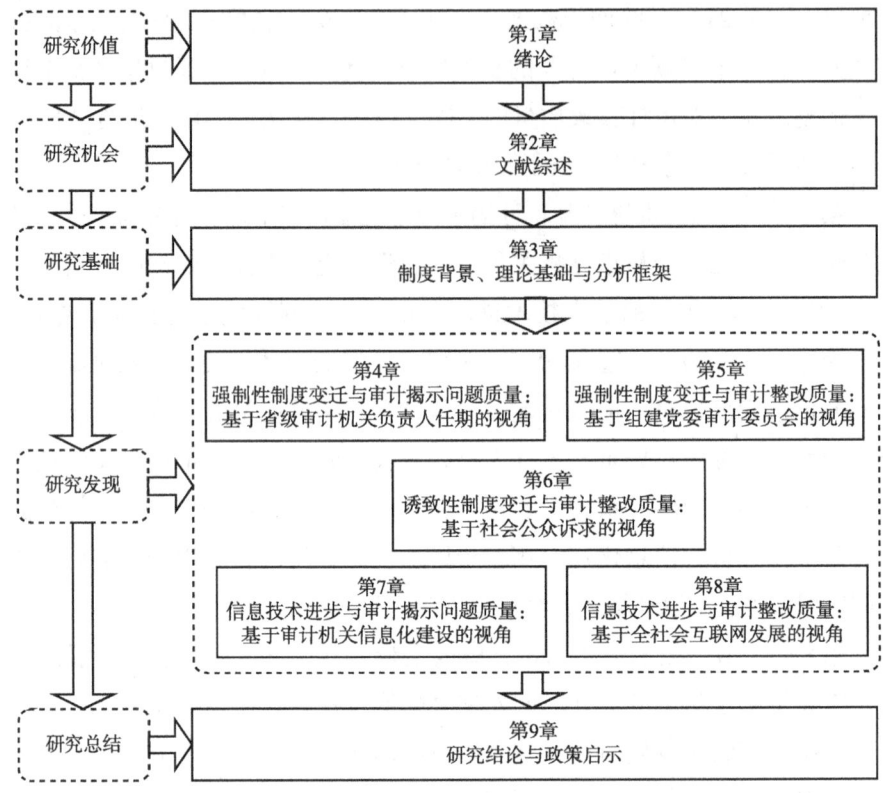

图1-1 研究框架

1.4 研究思路与研究方法

1.4.1 研究思路

本书构建了"制度+技术"的分析框架，按照"强制性制度变迁——诱致性制度变迁——信息技术进步"的并行逻辑，研究了如下内容：以省级审计机关负责人任免制度改革为代表的早期强制性制度变迁对审计揭示问题质量的影响；以组建党委审计委员会为代表的后期强制性制度变迁对审计整改质量的影响；以社会公众诉求为代表的诱致性制度变迁对审计整改质量的影响;以审计机关单一主体为代表的信息化建设对审计揭示问题质量的影响;以包含人大、政府及主管部门、审计机关在内的多主体为代表的全社会互联网发展对审计整改质量的影响。具体思路如图1-2所示。

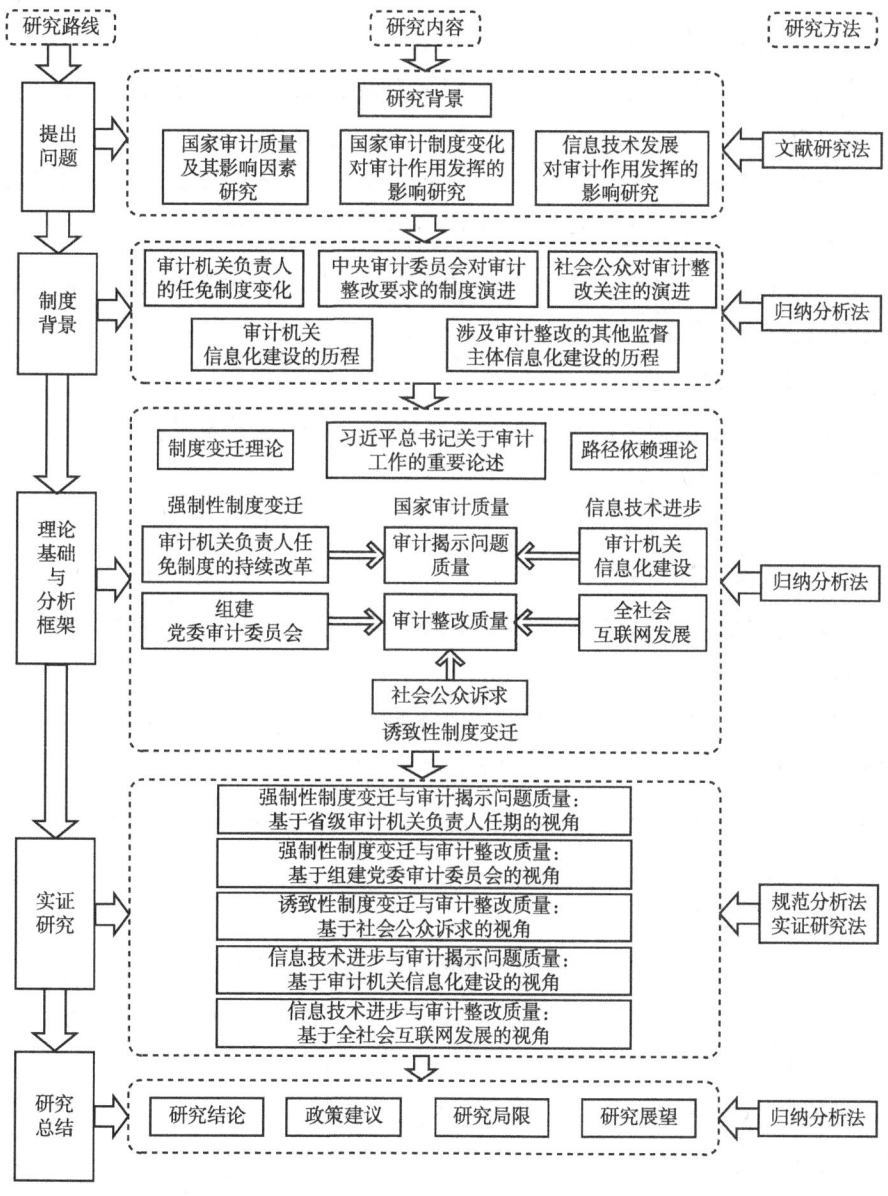

图1-2 研究思路

1.4.2 研究方法

（1）文献研究法。

第一，在文献综述部分，本书通过收集和研读相关中外文献，梳理了国家审计质量及其影响因素、国家审计制度变化对审计作用发挥的影响、信息技术发展对审计作用发挥的影响等方面的文献，深入挖掘可以进一步研究的相关问题。

第二，在制度背景部分，本书通过收集相关法规政策文件，介绍了审计机关负责人任免制度变化、组建中央审计委员会及其对审计整改要求的制度演进情况、审计机关信息化建设的过程和涉及审计整改的其他监督主体信息化建设历程。

（2）规范分析法。

第一，在绪论部分，本书对制度环境变迁、信息技术进步与国家审计质量等核心概念做了界定。

第二，在理论基础部分，系统分析了习近平总书记关于审计工作的重要论述与国家审计质量的表现、制度变迁理论视角下国家审计质量提升的机理以及信息技术进步视角下相关主体信息化建设赋能国家审计质量提升的机理等内容。

第三，第4章至第8章，对相关研究假说的提出进行了理论分析，对研究结论进行了归纳，并得出了相应的政策启示。

第四，第9章对全书的研究结论进行了总结，对全书的政策启示也进行了提炼，介绍了研究的局限和对未来研究的展望。

（3）实证研究法。

第一，第4章至第8章的实证分析部分，运用档案数据，构建多元回归模型，实证研究了不同类型的强制性制度变迁分别提升审计揭示问题质量和审计整改质量的效应，诱致性制度变迁提升审计整改质量的效应，以及审计机关信息化建设、全社会互联网发展分别提升审计揭示问题质量和审计整改质量的效应。

第二，第4章至第8章的稳健性检验部分，运用平行趋势检验方法、安慰剂检验方法、门槛面板模型、Heckman两阶段检验方法等进行了稳健性检验，以增强研究结论的可靠性。

第三，第4章至第8章的进一步研究部分，通过分组回归、调节效应分析法、两阶段模型等方法实证研究上述效应的作用机制和情境差异。

1.5 研究创新

（1）研究视角的创新。

第一，本书构建了国家审计质量提升的"制度+技术"研究框架，系统性地研究了制度环境变迁、信息技术进步对国家审计质量的影响。已有文献研究了审计制度变化对国家审计质量的影响（吴秋生等，2016；蔡春等，2020），公众集聚度、媒体报道等非正式制度对国家审计质量的影响（王芳、彭超然，2015；刘晓红，2018；池国华等，2018），或是信息技术对国家审计质量的影响（郑伟等，2020；余思明等，2024），但并未将以上因素全部纳入同一框架进行研究。本书按照"强制性制度变迁——诱致性制度变迁——信息技术进步"的并行逻辑，同时研究这些因素对国家审计质量的影响。

第二，本书将国家审计质量分解为审计揭示问题质量与审计整改质量，并将国家审计的独立性、权威性和专业性等基本特征嵌入作用机理的分析中。已有文献在划分国家审计质量的维度时并未形成统一的认识，使国家审计质量的影响因素研究不够科学、准确。习近平总书记在二十届中央审计委员会第一次会议上提出审计整改"下半篇文章"与审计揭示问题"上半篇文章"同样重要，必须一体推进。基于习近平总书记关于审计工作的最新论述，本书将国家审计质量分解为审计揭示问题质量与审计整改质量进行研究。同时，结合国家审计的独立性、权威性和专业性等基本特征，分析了审计揭示问题质量与审计独立性、专业性之间的关系，审计整改质量与审计权威性之间的关系，以及制度环境变迁、信息技术进步分别影响审计揭示问题质量与审计整改质量的作用机理。

（2）研究内容的创新。

第一，本书基于省级审计机关负责人任免制度持续改革会增强审计独立性的视角，研究了省级审计机关负责人任期对审计揭示问题质量的影响。一些文献从地市级审计机关层面开展了研究，例如，审计机关负责人任免征求上级意见的制度改革对地市级审计机关审计质量的影响（吴秋生等，2016），省以下审计机关人财物管理改革对地市级审计机关审计质量的影响（蔡春等，2020），但并未结合《框架意见》中省级审计机关负责人任免征求审计署党组意见的制度改革带来的影响；也有文献基于省级审计机关层面开展了研究，例如，审计机关负责人任期对审计投入产出绩效的影响（吴秋生、郭伟，2017）和对国企资产保值增值的影响（王艳艳等，2020），但并未验证省级审计机关负责人独立性提升的机制。本书以2006年修订《中华人民共和国审计法》、2010年修订《中华人民共和国审计法实施条例》和2015年出台《框架意见》对省级审计机关负责人任免制度持续改革的视角，研究了省级机关负责人任期对审计揭示问题质量的影响，并验证了审计独立性的增强是重要的作用机制。

第二，本书基于省级党委审计委员会的运行会增强审计权威性的视角，研究了组建党委审计委员会对审计整改质量的影响。一些文献对组建中央审计委员会的重要意义和重要价值进行了规范研究（孙宝厚，2018；赵广礼，2019；王永海，2024），个别文献实证研究了各地组建党委审计委员会对国有企业高质量发展的影响（郭檬楠等，2024），但并未专门研究过组建党委审计委员会对国家审计质量特别是对审计整改质量的影响。本书从组建党委审计委员会能够增强审计权威性的视角，研究了组建党委审计委员会对审计整改质量的影响，并验证了改善政府及主管部门部署和督促整改的态度、增强被审计单位落实整改的决心是重要的作用机制。

第三，本书基于诱致性制度变迁会增强被审计单位整改压力的视角，研究了社会公众诉求对审计整改质量的影响。已有文献关注到了公众集聚度对国家审计力度的影响（王芳、彭超然，2015；刘晓红，2018），公众参与程度对国家审计腐败治理效果的影响（郭芮佳等，2018），以及媒体报道引发社会关注对政府审计功能的影响（池国华等，2018），但并未基于社会公众自发表达诉求的诱致性制度变迁视角，将公众诉求作为提升审计整改质量的主体开展研究。本书的研究表明，公众诉求引发的"自下而上"的诱致性制度变迁可以促进审计整改质量的提升。

第四，本书基于审计机关信息化建设会增强审计专业性的视角，研究了地市级审计机关信息化建设对审计揭示问题质量的影响。一些文献使用预决算信息衡量省级审计机关信息化建设的方法，研究发现省级审计机关信息化建设会减少社会信息化环境对国家审计质量的负面影响（郑伟等，2020），但并未直接研究审计机关信息化建设对国家审计质量的影响。也有文献基于"金审工程"二期的准自然实验（郭檬楠等，2023a）或基于文本分析（房巧玲等，2023a）的方法研究了国家审计信息化建设通过提升审计质量后的治理效应，但这些方法并不能准确测度审计机关信息化建设水平，特别是使用文本分析方法来研究数字化转型在近年来引起较大争议。在审计监督全覆盖的要求下，地市级审计机关的信息化建设对破解审计任务繁重和审计力量不足的突出矛盾尤为重要。本书聚焦于地市级审计机关层面，使用预决算信息中的相关指标来衡量审计信息化建设水平，研究了地市级审计机关的信息化建设对审计揭示问题质量的影响，以及这一影响在不同审计工作任务和不同审计人员编制下的异质性。

第五，本书基于信息技术会赋能审计整改多元主体行为的视角，研究了全社会互联网发展对审计整改质量的影响。已有文献在研究全社会信息技术发展对国家审计质量的影响时并未得出一致结论，如社会信息化环境的提高会给审计机关和审计人员增加工作难度从而对国家审计质量产生了负面影响（郑伟等，2020），互联网发展通过提高审计机关的审计工作的产出和效率进而提高了国家审计质量（余思明等，2024），这些文献在分析时仅聚焦于信息化建设对审计机关和审计人员的影响，并没有对国家审计质量的维度进行区分，更没有分析全社会的信息技术发展（或互联网发展）对审计整改涉及其他主体行为的影响，使研究结论存在争议。本书聚焦于包含审计机关在内的同审计整改密切相关的多元主体，研究了互联网发展对审计整改质量的影响，并从人大预算监督能力、政府及部门部署和督促审计整改的态度、审计机关督促审计整改的效率等方面分析了作用机制。

第 2 章

文献综述

本章主要围绕国家审计质量及其影响因素、国家审计制度变化对审计作用发挥的影响、信息技术发展对审计作用发挥的影响等方面进行了文献综述,以便为后文的实证分析提供理论基础和文献支撑。

2.1 国家审计质量及其影响因素研究

2.1.1 国家审计质量的内涵研究

国家审计质量概念的内涵界定是国家审计质量研究的逻辑起点,已有文献从不同角度展开了研究,如表2-1所示。

表2-1 国家审计质量的内涵研究

研究视角	具体视角	代表性文献作者
国外学者的主流观点	对审计准则标准的遵守程度	Monaghan(2007)、Syamsuddin(2017)、Kusumawati、Syamsuddin(2018)
	审计结果或缺陷披露情况	López、Peters(2010)、Jakubowski(2008)、Cagle、Pridgen(2015)
	对审计工作质量的主观认识	Samelson(2006)
国内学者的主流观点	程序审计质量和结果审计质量	王芳、周红(2010)、王芳等(2012)
	被测试者的主观感知	张竹林、施建军(2017)
	审计效力和审计效果	黄溶冰、王跃堂(2010)、黄溶冰和乌天玥(2016)

续表

研究视角	具体视角	代表性文献作者
国内学者的主流观点	审计行为质量和审计整改质量	马轶群（2014）
	审计处理质量和审计整改质量	黄溶冰（2018）
	审计的揭露和展示功能、自身抵御和配合抵御功能	叶子荣、马东山（2012），上官泽明、吴秋生（2017）
国内学者基于习近平总书记关于审计工作重要论述的研究	审计的广度、力度和深度	吴秋生、郭檬楠（2018），郭檬楠、郭金花（2020），郭檬楠（2021）
	"查病""治已病"和"防未病"	上官泽明、赵晓艳（2021）

国外学者对国家审计质量进行了最早的探索和研究。一些研究借鉴DeAngelo（1981）将审计质量界定为"发现"和"报告"财务报表中重大错报的联合概率这一经典概念，提出国家审计质量也体现在审计过程和审计结果两个方面。审计过程是指对审计准则的遵循程度（Monaghan，2007），审计结果则是指审计中披露的内部控制缺陷情况（López、Peters，2010）。随后，很多研究先后使用国家审计报告中的审计结果数量（Jakubowski，2008；Cagle、Pridgen，2015），通过调查地方财务官对审计工作质量的认识与看法（Samelson et al.，2006），或者通过问卷调查评价国家审计人员对审计准则标准的遵守程度（Syamsuddin，2017；Kusumawati、Syamsuddin，2018）等对国家审计质量进行研究。

国内学者对国家审计质量的研究也比较丰富。少数学者借鉴审计署开展"全国优秀审计项目评比"时用到的程序审计质量和结果审计质量（王芳、周红，2010；王芳等，2012），或者用李克特量表测试对被测试者的主观感知（张竹林、施建军，2017）等对国家审计质量进行研究。多数学者认为国家审计质量不仅包括"发现"和"报告"违规违法问题，还应该包括"纠正"违规违法问题，即审计发现问题的整改情况（赵劲松，2005；王跃堂、黄溶冰，2008；董延安，2008），一些学者从上述角度对国家审计质量进行了研究，如审计效力和审计效果（黄溶冰、王跃堂，2010；黄溶冰、乌天玥，2016），审计行为质量和审计整改质量（马轶群，2014），审计处理质量和审计整改质量（黄溶冰，2018）。

自刘家义（2012）提出国家审计的本质是国家治理这个大系统中内生的具有预防、揭示和抵御功能的"免疫系统"这一观点后，很多研究从"预防""揭示""抵御"的维度分析和研究国家审计质量，使用《中国审计年鉴》中的"审计查出主要问题金额""审计处理情况""审计处理结果落实情况""审计成果利用情况"等四大指标对国家审计质量进行了研究，例如，审计的揭露和展示功能、自身抵御和配合抵御功能（叶子荣、马东山，2012；上官泽明、吴秋生，2017），审计揭示结果和审计执行结果（程莹，2015），审计的批判性作用和建设性作用（郑石桥等，2014），审计的信息力度、直接处罚力度和配合处罚力度（崔雯雯、李琰，2018）。

一些文献围绕习近平总书记关于审计工作的重要论述精神，从不同角度对国家审计质量进行了研究。例如，一些文献结合了习近平总书记于2018年5月在第一次中央审计委员会上关于"要拓展审计监督广度和深度，消除监督盲区，加大对党中央重大政策措施贯彻落实情况跟踪审计力度，加大对经济社会运行中各类风险隐患揭示力度，加大对重点民生资金和项目审计力度"的讲话要求，从国家审计的广度、力度和深度三个维度出发进行研究（吴秋生、郭檬楠，2018；郭檬楠、郭金花，2020；郭檬楠等，2021）。也有文献结合习近平总书记于2018年12月提出审计既要查病、更要治已病和防未病的常态化"经济体检"论述后，从"查病""治已病"和"防未病"的角度对国家审计质量进行了研究（上官泽明、赵晓艳，2021）。

2.1.2 审计整改质量的相关研究

2023年5月，习近平总书记在二十届中央审计委员会第一次会议上提出：审计整改"下半篇文章"与审计揭示问题"上半篇文章"同样重要，必须一体推进。这一重要论述提高了审计整改的重要性，因此，本书将专门对审计整改质量的相关研究进行综述。已有文献对审计整改质量进行了较为丰富的研究，如表2-2所示。

表 2-2　　　　　　　　审计整改质量的相关研究

研究视角	具体视角	代表性文献作者
审计整改质量在国家审计质量中的地位	国家审计质量应当包括审计"纠正"问题质量或审计整改质量	赵劲松（2005），王跃堂、黄溶冰（2008），董延安（2008）
	与委托人或社会公众的满意度有关	史宁安等（2006），孙宝厚（2008），黄溶冰（2018）
审计整改质量的其他规范研究	审计整改的综合评价	刘力云（2012），黄溶冰（2018），沈玲（2022）
	审计整改的建议	雷俊生（2017），王扬（2020），陈浩（2021），彭华彰（2024）
审计整改质量的测算评价研究	全国层面的审计整改质量	上官泽明、吴秋生（2017），靳思昌（2019）
	中央部门的审计整改质量	王春飞等（2016）
	省级层面的审计整改质量	马轶群（2014）

关于审计整改质量在国家审计质量中的地位，国内学者们有着较为一致的认识。多数学者认为国家审计质量应当包括审计"纠正"问题质量或整改质量（赵劲松，2005；王跃堂、黄溶冰，2008；董延安，2008）。从委托人对国家审计是否满意的视角来看，能否有效"纠正"违法违纪问题从而遏制"屡审屡犯"现象发生，正是社会公众最为关心的话题（史宁安等，2006；孙宝厚，2008）。从审计结果和公众满意度的视角来看，国家审计质量体现为审计处理质量（或审计揭示问题质量）和审计整改质量（或审计纠正问题质量）这两个维度（黄溶冰，2018）。

关于审计整改质量的其他规范研究，主要集中于对审计整改工作的综合评价和建议等视角。在审计整改的综合评价方面，刘力云（2012）认为遏制"屡审屡犯"现象、加强审计整改不只是审计机关一个部门的责任，也不是可以一蹴而就的事情；黄溶冰（2018）构建了审计整改概念模型，这一模型具体包括五类主体、三个阶段、两节时点和四项内容；沈玲（2022）系统回顾和分析了中国共产党领导的审计整改制度，发现党领导的审计整改制度在名称、主体和内容以及整改范围等方面均呈现明显进阶。在审计整改的建议方面，雷俊生（2017）以信息管理为依据，从多个方面提出了改进审计查出问题整改情况的报告机制，以保障预算执行信息有效反馈；王扬（2020）认为审计督促整改权是审计监督权的重要组成部分，并从多个方面提出了推进审计督促整改权实现的政策建议；陈浩（2021）认为审计机关应当从强化分析研判、突出精准施策、健全工作机制、加强责任追究等角度解决"屡审屡犯"顽疾；彭华彰（2024）针对当前审计整改工作在建议、流程、把关、方式等方面存在的突出问题，提出了提升审计整改建议精准性、设置征求意见环节、运用信息化手段加强跟踪、加强整改结果审核、用好约谈手段等改进举措。

关于审计整改质量的实证研究，主要集中于测算评价。从全国层面来看，上官泽明和吴秋生（2017）通过定量研究发现，我国国家审计的预防功能和抵御功能表现良好；靳思昌（2019）运用灰色综合评价法进行实证研究发现，双罚制视阈下的审计整改效果呈现上升趋势。从中央部门层面来看，王春飞等（2016）对审计署披露的中央预算执行审计问题整改情况进行统计分析发现，整改手段单一和整改力度较弱等问题依然存在。从省级层面来看，马轶群（2014）研究发现，审计整改质量的动态效应在区域间有较大差异，东部地区的审计整改质量最为显著。

2.1.3 影响国家审计质量的外部环境因素研究

外部环境对国家审计质量的影响主要体现在经济环境、政治环境、社会环境和信息技术等方面，已有文献的研究进展如表2-3所示。

表2-3　　　　　　影响国家审计质量的外部环境因素研究

研究视角	具体视角	代表性文献作者
经济环境	市场化程度	唐雪松等（2012），林斌、刘瑾（2014）
	财政状况	林斌、刘瑾（2014）
	财政分权	吴勋、王琳（2015）
	经济发展水平	吴勋、王琳（2015）
	经济增长压力	赵放等（2022）

续表

研究视角	具体视角	代表性文献作者
政治环境	人大需求	唐大鹏等（2017）
	政府透明度	王会金、马修林（2017）
	反腐败政策	陈凌云等（2021）
社会环境	媒体关注	蒲丹琳、王善平（2011），池国华等（2018），陈艳娇、张兰兰（2019）
	公众参与	王芳、彭超然（2015），刘晓红（2018），郭芮佳等（2018），杜子平、孙瑞泽（2021）
	文化价值观	郑石桥、郑羽飞（2021），王少华、上官泽明（2021）
信息技术	全社会的信息化技术	郑伟等（2020），余思明等（2024）
	审计机关的信息化技术	郭檬楠等（2023），房巧玲等（2023a）

关于影响国家审计质量的经济环境，主要体现在市场化程度、财政状况、财政分权、经济发展水平和经济增长压力等方面。已有研究发现，市场化程度会促进政府审计的执行效果（唐雪松等，2012；林斌、刘瑾，2014）；财政状况则会对国家审计不同功能的发挥产生不同的影响（林斌、刘瑾，2014）；财政分权可以促进国家审计的抵御功能和预防功能，区域经济发展则会显著促进国家审计的揭示功能和预防功能（吴勋、王琳，2015）；地方的经济增长压力则会抑制国家审计质量的提升（赵放等，2022）。

关于影响国家审计质量的政治环境，主要体现在人大需求、政府透明度、反腐败政策等方面。已有研究发现，人大需求会促进审计结果公告信息的披露质量（唐大鹏等，2017）；政府透明度越高，政府审计的揭露效果越好（王会金、马修林，2017）；随着反腐政策的出台以及反腐力度的加大，国家审计的揭露功能和预防功能得到了有力提升（陈凌云等，2021）。

关于影响国家审计质量的社会环境，主要表现在媒体关注、公众参与、文化价值观等方面。其一，媒体报道可以促进国家审计的功能发挥（蒲丹琳、王善平，2011；池国华等，2018），特别是政府审计在媒体关注促进地方财政安全中起到中介作用（陈艳娇、张兰兰，2019）。其二，地方选民选举集聚程度与当地政府审计信息的披露质量呈正相关；公众集聚度可以激发公众的审计需求并促进政府审计力度的提升（王芳、彭超然，2015；刘晓红，2018）；在公众参与程度高的地区，政府审计的腐败治理作用更显著（郭芮佳等，2018）；而人口空间分布也会对国家审计质量产生影响（杜子平、孙瑞泽，2021）。其三，一国之内的不同区域文化价值观会影响到国家审计的功能发挥（郑石桥、郑羽飞，2021），不同国家的跨文化差异会就审计独立性对审计工作报告质量的影响产生调节作用（上官泽明、王少华，2021）。

关于影响国家审计质量的信息技术，主要体现在全社会的信息化技术和审计机关的信息化技术两个方面。郑伟等（2020）研究发现，社会信息化环境的提高对国家审计质量产生了负面影响，而审计机关的信息化建设能有效应对这种不利影响；余思明等（2024）研究发现，互联网发展可以提高国家审计质量。已有文献基于"金审工程"二期的准自然实验研究发现，国家审计信息化建设通过促进审计质量的提升从而促进国有企业高质量发展（郭檬楠等，2023a）；也有文献基于文本分析的方法研究发现，国家审计信息化建设可以通过增强审计功能发挥从而提升地区环境治理水平（房巧玲等，2023a）。

2.2 国家审计制度变化对审计作用发挥的影响研究

从空间维度来看，国家审计制度的改革变化体现在不同国家或地区的审计制度的横向比较；从时间维度来看，国家审计制度的变化体现在同一国家或地区的审计制度的纵向比较。因此，本书将从横向变化和纵向变化的角度来分析国家审计制度改革及其经济后果。

2.2.1 国家审计制度的横向变化对审计作用发挥的影响研究

已有文献关于不同国家或地区的审计制度的横向变化对审计作用发挥的影响研究较为丰富，如表2-4所示。

表2-4　　国家审计制度的横向变化对审计作用发挥的影响研究

具体维度	代表性文献作者
英国、美国、法国、德国等典型国家或地区的审计制度差异及其作用发挥	Stapenhurst、Titsworth（2001），Bowerman、Humphrey（2002），Norton、Smith（2008），Pollitt、Summa（2010），Jantz等（2015）
世界各国国家审计独立性的制度安排以及表现	Ramkumar（2009），Ross（2011），FukuDa-Parr et al.（2011），Ríos et al.（2016）
我国不同领导体制下的审计机关及其作用发挥	郑石桥、尹平（2010），王芳等（2012），李笑雪、郑石桥（2015），毕秀玲、刘玉玉（2013），吴勋等（2017），吴一平等（2022）

在横向变化方面，审计制度改革表现为同一时期不同审计机关之间的差异（Stapenhurst、Titsworth，2001）。英国审计署、审计委员会、苏格兰账目委员会和北爱尔兰审计局的审计职能发挥不同（Bowerman、Humphrey，2002），美国审计署的问责能力要优于英国审计署（Norton、Smith，2008），英国审计署和法国审计院的行政文化有很大差别（Pollitt、Summa，2010），德国的最高审计机关的风格要比挪威和丹麦更激进（Jantz等，2015）。

各国国家审计独立性的制度安排及其表现也有很大差异（Ramkumar，2009），一些学者基于国际预算合作组织的开放预算调查对各国最高审计机关的独立性进行了衡量（Ross，2011；FukuDa-Parr et al.，2012；Ríos et al.，2016）。

我国审计署机关、特派办、派出审计局和地方审计机关的领导体制不同，导致它们的地位不同（郑石桥、尹平，2010）、独立性不同（王芳等，2012）、审计权能配置不同（李笑雪、郑石桥，2015）和审计执行效率不同（毕秀玲、刘玉玉，2013；吴勋等，2017）。以审计署驻地方特派员办事处设立为代表的中央审计监督，可以提升地方审计机关的财政违规查处规模（吴一平等，2022）。

2.2.2　国家审计制度的纵向变化对审计作用发挥的影响研究

已有文献关于同一国家或地区审计制度的纵向变化对审计作用发挥的影响研究较为丰富，如表2-5所示。

表2-5　国家审计制度的纵向变化对审计作用发挥的影响研究

具体维度	代表性文献作者
同一国家不同时期的审计法律制度变化及其作用发挥	Dwiputrianti（2011），吴秋生等（2016），马轶群、吴秋生（2018）
我国省以下审计机关人财物管理试点改革及其作用发挥	蔡春等（2020），张琦、孙旭鹏（2021），王成龙等（2018），杨开元等（2022），郭檬楠、郭金花（2020），陈茹等（2020），上官泽明、李昕柔（2022），王鑫鑫等（2023）
中央审计委员会成立及其作用发挥	胡泽君（2018），孙宝厚（2018），郭檬楠等（2024）
审计机关负责人任期的经济后果	吴秋生、郭伟（2017），王艳艳等（2020）

在纵向变化方面，审计制度改革表现为同类审计机关在不同时期的审计法律制度变化。如印度尼西亚政府对审计法律的修改促进了审计范围的扩大（Dwiputrianti，2011），2006年《中华人民共和国审计法》和2010年《中华人民共和国审计法实施条例》的修订实施等对地方审计机关审计质量（吴秋生等，2016）和审计效率产生影响（马轶群、吴秋生，2018）。

很多文献聚焦于我国自2015年开始在7个省市实行的省以下审计机关人财物管理试点改革，发现这一改革增强了审计独立性，从而有效提升了审计质量（蔡春等，2020），降低了政府公务接待费用（张琦、孙旭鹏，2021），减轻了地方国有企业税负（王成龙等，2018），降低了国有企业审计风险（杨开元等，2022），促进了地方国有企业资产的保值增值（郭檬楠、郭金花，2020），提升了国有企业全要素生产率（陈茹等，2020），抑制了地方国有企业脱实向虚（上官泽明、李昕柔，2022），提高了地方国有企业并购交易中的业绩承诺可靠性（王鑫鑫等，2023）。

中央审计委员会的成立，标志着国家审计在党和国家监督体系中的作用越来越重要（胡泽君，2018；孙宝厚，2018）。个别文献实证研究了组建党委审计委员会对国有企业高质量发展的影响（郭檬楠等，2024）。

此外，考虑到审计制度改革会影响到审计机关负责人在任期中的表现，因此有必要对审计机关负责人任期的经济后果进行梳理。吴秋生和郭伟（2017）研究发现，省级审计机关负责人的任期稳定性可以提高审计机关绩效；王艳艳等（2020）则发现，地方审计厅厅长的任期越长，国有资产保值增值率越低。

2.3 信息技术发展对审计作用发挥的影响研究

信息技术的发展对各行各业都产生了极其深远的影响，审计行业也不例外，很多文献研究了信息技术发展对社会审计、内部审计和国家审计的影响，如表2-6所示。

表2-6　　　　信息技术发展对审计作用发挥的影响研究

研究视角	具体视角	代表性文献作者
信息技术发展对社会审计作用发挥的影响研究	整体影响	秦荣生（2014），Swan（2015），Appelbaum et al.（2017）
	审计方式	Yoon et al.（2015），黄舒（2017）
	审计范围	Rus（2015）、Gepp et al.（2018）
	审计效果	Curtis、Payne（2014），曾昌礼等（2018）Abou-El-Sood et al.（2015）
	审计定价	吴武清等（2022），张永珅等（2021）
信息技术发展对内部审计作用发挥的影响研究	行政事业单位	潘春花、谢光安（2019）
	商业银行	张庆龙（2021）
	国有企业	袁亮亮等（2021）
信息技术发展对国家审计作用发挥的影响研究	基于各国最高审计机关的国际视野	Oliver（2019）、Mikhail et al.（2020）、Koen（2020）、Jan（2020）、Nelson（2020）、Taka（2024）
	基于我国审计机关的国内视野	袁野（2020），郑伟等（2020），郭檬楠等（2023a，2023b），房巧玲等（2023a，2023b），余思明等（2024）

2.3.1 信息技术发展对社会审计作用发挥的影响研究

在社会审计领域，有丰富的国内外文献讨论了信息技术发展所产生的影响。在总体上，信息技术的快速发展对社会审计行业产生了颠覆性的变革（秦荣生，2014；Swan，2015；Appelbaum et al.，2017）。

在审计方式上，信息技术的发展有效弥补了抽样审计取证的缺陷（Yoon et al.，2015），减少了误拒风险和误受风险的发生（黄舒，2017）。

在审计范围上，信息技术的发展实现了对被审计单位信息系统安全性和有效性的审计（Rus，2015），在CPA审计领域会大有作为（Gepp et al.，2018）。

在审计效果上，信息技术的发展可以提升会计师事务所的生产效率（Curtis、Payne，2014），也可以提升会计师事务所的审计质量（曾昌礼等，2018），特别是受到了审计经验较少、技术能力较强的审计人员的青睐（Abou-El-Sood et al.，2015）。

此外，也有文献研究了客户的信息化建设或数字化转型对审计费用或审计定价的影响（吴武清等，2022；张永珅等，2021）。

2.3.2 信息技术发展对内部审计作用发挥的影响研究

在内部审计领域，不同学者以不同的组织主体为例，分析了内部审计的信息化建设应用场景。

潘春花和谢光安（2019）以行政事业单位内部审计为载体，分析了大数据环境下内部审计面临的困境及对策，从审计转型，加强行业指导、制度和标准体系建设及审计人才培训等方面提出了助推大数据审计发展的对策。

张庆龙等（2020）认为，智能化审计特有的大规模机器学习、深度学习甚至是自我学习的功能，终将在逐步代替内部审计人员甚至"专家"工作的过程中带来无限的可能和挑战。

张庆龙等（2021）以商业银行为例，从审计任务划分与审计场景构建、业务场景数据要素抽象化、场景审计数据中台建设、搭建场景展示平台四个方面构建了系统的反洗钱审计工作流程。

袁亮亮等（2021）以全国117家国有企业为例，使用问卷调查法对信息技术手段在国有企业内部审计中的运用情况进行了调查分析，发现当前内部审计使用信息化技术以及大数据的程度参差不齐且普遍不高。

2.3.3 信息技术发展对国家审计作用发挥的影响研究

在国家审计领域，各国审计机关都提出要加强审计的信息化建设，以促进审计工作的高质量发展。

从国际视野来看，美国审计署的审计人员通过使用定性分析与定量建模相结合的方法，准确、高效地完成了对美国社保局关于残疾人社会保障听证会判决准确性和一致性的审计调查工作（Oliver，2019）。俄罗斯联邦审计院使用与政府数据库相结合的信息分析系统（IAS）进行远程审计（Mikhail et al.，2020）。比利时最高审计机关选择将数据专家分配给审计团队，由他们自始至终执行审计，同时还开发结构化查询语言（SQL）仓库，以存储来自管理部门的经常性财务数据流（Koen，2020）。挪威审计署建立了创新实验室，聘用拥有创造性思维、编码技能且了解一些审计知识和量化分析方法的技术能人（Jan，2020）。秘鲁最高审计机关基于"相对重要性矩阵"和"风险矩阵"两个方面开发了审计优先级模型，能够更好地将现有的业务能力集中于具有最大社会经济影响力的项目上（Nelson，2020）。美国审计署建立了探索和应用数据科学技术的创新实验室（Taka，2024）。

从国内视野来看，审计署原副审计长袁野（2020）提出要在创新大数据审计思维、优化审计组织流程、创新审计技术、加强数据管理等方面推进新时代大数据审计工作。郑伟等（2020）实证研究发现，社会信息化环境提高给国家审计质量带来了负面影响，而国家审计机关加大信息化投入能改善社会信息化环境对审计质量带来的冲击。一些文献基于"金审工程"二期建设的准自然实验，研究发现国家审计信息化建设显著促进了国有企业高质量发展（郭檬楠等，2023a）和降低了国有企业审计收费（郭檬楠等，2023b）。另一些文献则是基于文本分析的视角，研究发现国家审计信息化建设能够显著提升地区环境治理水平（房巧玲等，2023a）和金融风险治理效果（房巧玲等，2023b）。此外，全社会的互联网发展可以提升审计工作的产出和效率进而提高国家审计质量（余思明等，2024）。

2.4 文献述评

通过文献回顾可知，现有文献对国家审计质量及其影响因素、国家审计制度变化对审计作用发挥的影响、信息技术发展对审计作用发挥的影响等三大方面进行了丰富的研究。上述研究为本书研究制度环境变迁、信息技术进步与国家审计质量之间的关系提供了良好的研究基础和理论借鉴，但仍有一些不足：

（1）关于国家审计质量及其影响因素的研究：①已有文献从不同角度对国家审计质量进行了划分，但并未达成一致的认识。二十届中央审计委员会第一次会议上的重要讲话是习近平总书记关于审计工作的最新重要论述，有必要基于这一新的重要论述对国家审计质量的内涵和维度进行研究。②已有文献已经关注到审计整改在审计监督中的重要地位，关于审计整改质量的规范研究较为丰富，但是关于审计整改质量的实证研究主要集中于测算评价，鲜有文献专门开展过审计整改质量的影响因素研究。③目前关于影响国家审计质量外部环境因素的研究多是侧重于审计揭示问题质量（对应审计"上半篇文章"），而很少关注到审计整改质量（对应审计"下半篇文章"）。个别文献在研究审计揭示问题质量（对应审计"上半篇文章"）的影响因素时也延伸研究了其对审计整改质量（对应审计"下半篇文章"）的影响。④已有文献关注到了公众集聚度对国家审计力度的影响，或是媒体报道引发社会关注对政府审计功能的影响，但并未基于社会公众自发表达诉求的诱致性制度变迁视角，将公众诉求作为提升审计整改质量的直接主体开展研究。

（2）国家审计制度变化对审计作用发挥的影响：①已有研究对中国审计制度变化对审计作用发挥的影响进行了比较丰富的研究，特别是对省以下审计机关人财物管理改革的经济后果进行了比较全面和系统的研究，但是关于省级审计机关负责人任免制度改革、组建党委审计委员会的经济后果研究较少。②已有文献研究了省级机关负责人任期对审计投入产出绩效和国有资产保值增值的影响，但是鲜有文献研究过省级审计机关负责人任期对国家审计质量特别是审计揭示问题质量的影响。

（3）信息技术发展对审计作用发挥的影响：①已有文献从三类不同审计主体的视角研究了信息技术对审计作用发挥的影响，特别是研究了审计机关信息化建设的经济后果，但是很少有文献聚焦于地市级审计机关的信息化建设对审计质量的影响，也很少有文献提供过审计机关信息化建设对破解审计任务繁重与审计力量不足之间矛盾的经验证据。②一些文献虽然从全社会互联网发展的角度分析了对国家审计质量的影响，但是研究结论并不一致，也没有聚焦到对审计整改质量的影响，更没有分析互联网发展如何赋能审计整改涉及多元主体的行为。

综上所述，本书可以从以下几个方面继续深入研究：

第一，基于习近平总书记对审计揭示问题"上半篇文章"和审计整改"下半篇"文章的最新论述，将国家审计质量分解为审计揭示问题质量和审计整改质量，并结合两种审计质量涉及的主体差异、动因差异，梳理相关制度背景、分析理论基础和构建研究框架。

第二，基于强制性制度变迁在早期和后期的具体表现，将审计机关负责人任免制度的持续改革作为早期强制性制度变迁的代表，研究省级机关负责人任期如何提升审计独立性从而对审计揭示问题质量产生影响；将组建党委审计委员会作为后期强制性制度变迁的代表，研究其如何提升审计权威性从而对审计整改质量产生影响。

第三，基于诱致性制度变迁的视角，在对社会公众诉求进行科学衡量的基础上，研究社会公众诉求如何增强整改压力对审计整改质量的影响、机制和情境。

第四，基于信息技术进步赋能审计机关单一主体的视角，聚焦于地市级审计机关层面，研究审计机关信息化建设如何提升审计专业性对审计揭示问题质量的影响，特别是如何破解地市级审计任务繁重与审计力量不足之间的突出矛盾。

第五，基于信息技术进步赋能审计整改涉及多元主体的视角，研究全社会互联网发展对审计整改质量的影响，特别是互联网发展如何赋能人大、政府及主管部门、审计机关的行为从而对审计整改质量产生影响。

第 3 章

制度背景、理论基础与分析框架

3.1 制度背景

3.1.1 审计机关负责人的任免制度变化

（1）世界审计组织通过的国际准则对最高审计机关负责人任免制度的要求。

独立性是审计的根本特征。世界审计组织（INTOSAI）在1977年通过的《利马宣言》（ISSAI 1）最早提出了独立性原则，在2007年通过的《墨西哥独立性宣言》（ISSAI 10）再次重申了这一理念。

《利马宣言》（ISSAI 1）第6节对最高审计机关负责人与一般人员的独立性进行了3个方面的规定：第一，最高审计机关的独立性与其负责人的独立性密切关联，负责人是指为最高审计机关作出决策并为此向第三方负责的人员；第二，最高审计机关负责人的独立性应在宪法中进行明确说明，特别是必须对其撤换程序进行严格规定；第三，最高审计机关的一般人员在其任职期间应独立于被审计单位，不能依赖这些单位。

《墨西哥独立性宣言》（ISSAI 10）的第2条准则明确提出，最高审计机关的负责人和成员应当在任期保障和正常履职等方面享有独立性，各国法律应当对最高审计机关的负责人和成员的任命、免职和退休等条件进行明确规定。ISSAI 10的第3条准则规定，最高审计机关应确保避免其工作人员同被审计单位有密切关系，以保持其客观性。

（2）1982年修订《中华人民共和国宪法》对审计监督和审计长任免制度的要求。

在新中国成立初期，并没有独立的审计制度。改革开放以后，伴随着民主法制化建设的推进，党中央决定采取一系列措施推动党和国家领导体制改革。1980年8月，邓小平作重要讲话，提出了修改宪法等对党和国家领导制度实行重要改革的六项措施。1980年9月，第五届全国人大三次会议接受党中央委员会的建议，决定成立宪法修改委员会。

在宪法修订进程中，宪法修改委员会关注到绝大多数国家都有审计机构并将其写入宪法的现象。国外审计机关的地位很高，有的直属总统，有的直属国会，审计长任期很长，相当于大法官，任何人都不能干预。如何借鉴国外法制的经验为我所用，成为我国社会主义民主法制化建设的一个重要命题。

1982年12月，新修改的《中华人民共和国宪法》正式提出要建立独立的审计制度。《中华人民共和国宪法》第62条、第63条、第67条和第80条都是涉及审计长任免的条款。例如：

《中华人民共和国宪法》第62条规定："全国人民代表大会行使下列职权：……（五）根据中华人民共和国主席的提名，决定国务院总理的人选；根据国务院总理的提名，决定国务院副总理、国务委员、各部部长、各委员会主任、审计长、秘书长的人选；……"

《中华人民共和国宪法》第63条规定："全国人民代表大会有权罢免下列人员：……（二）国务院总理、副总理、国务委员、各部部长、各委员会主任、审计长、秘书长；……"

《中华人民共和国宪法》第67条规定："全国人民代表大会常务委员会行使下列职权：……（九）在全国人民代表大会闭会期间，根据国务院总理的提名，决定部长、委员会主任、审计长、秘书长的人选；……"

《中华人民共和国宪法》第80条规定："中华人民共和国主席根据全国人民代表大会的决定和全国人民代表大会常务委员会的决定，公布法律，任免国务院总理、副总理、国务委员、各部部长、各委员会主任、审计长、秘书长,……"

《中华人民共和国宪法》第91条、第109条还对地方审计机关的领导体制做了规定。例如:

《中华人民共和国宪法》第91条规定:"国务院设立审计机关,对国务院各部门和地方各级政府的财政收支,对国家的财政金融机构和企业事业组织的财务收支,进行审计监督。审计机关在国务院总理领导下,依照法律规定独立行使审计监督权,不受其他行政机关、社会团体和个人的干涉。"

《中华人民共和国宪法》第109条规定:"县级以上的地方各级人民政府设立审计机关。地方各级审计机关依照法律规定独立行使审计监督权,对本级人民政府和上一级审计机关负责。"

(3)《中华人民共和国审计法》《中华人民共和国审计法实施条例》对地方审计机关负责人任免制度的要求。

由于1994年出台的《中华人民共和国审计法》并没有对地方审计机关负责人的任免要征求上级审计机关意见作出具体要求,这导致双重领导下的地方审计机关负责人独立性容易受到影响。

例如,2001年,山西省晋城市审计局局长杨林林因为坚持原则查处了市科委主任张震(当时晋城市市委书记、后担任市人大常委会主任马巧珍的爱人)挪用专项资金给国家造成重大损失的违纪问题反而被贬职的现象,引起《人民日报》的高度关注。2004年3月30日,《人民日报》在第五版刊登了记者周朗撰写的题为《一位优秀审计局长的遭遇》的文章,文中详细叙述了贬职事件的起因、过程和截至发稿时的事件处理结果,引发了全社会的关注。

2006年修订《中华人民共和国审计法》时,专门明确了地方各级审计机关负责人的任免应当事先征求上一级审计机关的意见。为完善《中华人民共和国宪法》和《中华人民共和国审计法》确立的地方审计机关双重领导体制,保障审计监督的独立性,避免地方审计机关负责人因揭露和查处问题而遭受打击报复,并保证地方审计机关负责人具备一定专业胜任能力,修订后的《中华人民共和国审计法》在原《中华人民共和国审计法》第十五条增加一款规定："地方各级审计机关负责人的任免，应当事先征求上一级审计机关的意见。"

2010年修订《中华人民共和国审计法实施条例》时，也专门增加了地方各级审计机关负责人的任免应当事先征求上一级审计机关的意见的相关内容。

（4）《框架意见》对省级审计机关负责人及副职任免制度的要求。

为保障审计机关依法独立行使审计监督权，2015年中共中央办公厅、国务院办公厅下发了《关于完善审计制度若干重大问题的框架意见》（以下简称《框架意见》）。《框架意见》在"主要任务"的第二部分"强化上级审计机关对下级审计机关的领导"，明确提出"加强审计机关干部管理，任免省级审计机关正职，须事先征得审计署党组同意；任免省级审计机关副职，须事先征求审计署党组的意见"。

从2006年修订《中华人民共和国审计法》、2010年修订《中华人民共和国审计法实施条例》提出征求上一级审计机关的"意见"，到2015年《框架意见》提出省级审计机关负责人任免须征得审计署党组"同意"。虽然仅是简单的词语变化，却包含了深层次的含义，这意味着省级审计机关负责人任免制度改革有了新的突破。

同时，结合《框架意见》还对任免省级审计机关副职需要征求审计署党组的"意见"做了要求，这对增强省级审计机关的独立性起到了更强的保障作用。

3.1.2　中央审计委员会及其对审计整改要求的制度演进

（1）中央苏区时期的中央审计委员会及其对审计整改的要求。

土地革命战争时期，中华苏维埃共和国中央审计委员会的成立，标志着中央苏区审计体制的重大改革，也标志着中国共产党对审计权威性的认识初步形成。

早在1927年4月，党的第五次全国代表大会后的中央领导机构中，就设立了中央审计委员一职，阮啸仙为委员。1931年11月，中华苏维埃共和国临时中央政府成立后，新兴的红色政权对审计体制进行了不同形式的探索，如先后设立了审查委员会、中央财政人民委员部审计处等，直到1933年决定在中央人民委员会下设审计委员会，独立于财政部门，专司审计职能。

1934年2月17日，第二届中央执行委员会第一次会议通过毛泽东同志签发的《中华苏维埃共和国中央苏维埃组织法》，该法专门写了第八章"审计委员会"，规定中央执行委员会下设中央审计委员会，负责审核国家岁入与岁出，监督国家预算执行。经过政府组织法的明文规定后，审计独立性明显提高，权威性也得到大幅提升（张晓玲，2021）。同年召开的第二次全国苏维埃代表大会，正式决定中央审计委员会直接隶属于中央执行委员会，大会选举阮啸仙为中央审计委员会主任。中央审计委员会是与中央人民委员会、中央革命军事委员会、最高法院拥有同等地位的机构，直接隶属于中央执行委员会，对提升审计机关地位和增强审计权威性起到了保障作用。

1934年，中国共产党领导下的第一部审计法规《中华苏维埃共和国中央政府执行委员会审计条例》颁布，第十六条为"中央审计委员会及分会须随时检查各机关、现用簿记，其不合格的通知该机关更正之"。以本条例为依据，中央审计委员会在先后开展的财政预算决算审计、国家企业审计、群众团体财政收支审计、节省运动专项审计、反贪污浪费斗争中，及时指出了财政财务收支中存在的各种问题，并提出了健全制度、规范经费、倡导节省等整改意见，通过对审计整改作出规范要求，为支持革命斗争和防止贪污浪费发挥了积极作用（沈玲，2022）。

（2）新时代的中央审计委员会及其对审计整改的要求。

党的十九大以来，中央财经委员会、中央网络安全和信息化委员会、中央外事工作委员会、中央审计委员会、中央全面依法治国委员会等6个由习近平总书记亲自挂帅的委员会先后进入大众视野，特别是中央审计委员会的组建引起了审计学术界和实务界的广泛关注。

2018年3月，根据《深化党和国家机构改革方案》，中共中央组建了中央审计委员会，习近平总书记亲自担任中央审计委员会主任。中央审计委员会主要职责是：研究提出并组织实施在审计领域坚持党的领导、加强党的建设方针政策，审议审计监督重大政策和改革方案，审议年度中央预算执行和其他财政支出情况审计报告，审议决策审计监督其他重大事项等。

2018年5月，中央审计委员会主任习近平主持召开中央审计委员会第一次会议并发表重要讲话。会议提出："改革审计管理体制，组建中央审计委员会，是加强党对审计工作领导的重大举措。"会议强调："各地区各部门特别是各级领导干部要积极主动支持配合审计工作，依法自觉接受审计监督，认真整改审计查出的问题，深入研究和采纳审计提出的建议，完善各领域政策措施和制度规则。"

2018年12月，习近平总书记在中央审计委员会办公室（即审计署）上报的关于2017年审计查出问题整改情况的报告上批示："从报告看，整改工作有序推进，效果是好的。审计就像体检，不仅是为了查病，更是为了治已病，防未病。各有关部门、单位和地方在推动问题整改到位的同时，要举一反三，加强管理，完善制度，努力做到防患于未然。"此后，各地党委审计委员会在会议上专门组织传达学习了习近平总书记关于审计整改工作重要批示精神[①]。

2023年5月，中央审计委员会主任习近平主持召开二十届中央审计委员会第一次会议并发表重要讲话。会议强调：审计整改"下半篇文章"与审计揭示问题"上半篇文章"同样重要，必须一体推进；要把督促审计整改作为日常监督的重要抓手，将审计结果作为干部考核、任免、奖惩的重要参考；对整改不力、敷衍整改、虚假整改的，要严肃问责。在中央审计委员会的要求下，地方党委审计委员会也必然会对审计整改提出更高的要求，从而对审计整改质量产生重要影响。

3.1.3 社会公众对审计整改关注的演进

（1）审计整改信息公开是国际预算透明度的重要方面。

在国际上，审计整改信息公开是预算信息公开的重要内容。国际预算

---

① http://cpc.people.com.cn/big5/n1/2019/0109/c117005-30512431.html.

合作组织（International Budget Partnership，IBP）一般每两年开展一次开放预算调查（Open Budget Survey，OBS），对各国中央政府的预算透明度进行评价，并将调查问卷和调查结果向全社会公开[①]。

IBP是以经济合作与发展组织（OECD）的《预算透明度最佳实践》和国际货币基金组织（IMF）的《财政透明度良好做法守则》为基础开展的调查。在历年的IBP调查问卷中，"政府部门是否会向公众发布审计整改情况"与"审计机关或立法机关是否会发布关于政府部门落实审计整改情况的报告"都是预算透明度的重要组成部分。

例如，IBP在2015年、2017年、2019年连续开展的开放预算调查（OBS）中，均设置了第101个和第102个调查问题（及具体调查指南）对审计整改信息公开情况进行调查，如表3-1所示。

表3-1 IBP的开放预算调查（OBS）就审计整改信息公开的调查问题设计

调查设计	具体问题及指南
Question 101（调查问题）	行政部门是否向公众提供一份报告，说明其采取了哪些措施来处理表明需要采取补救行动的审计建议或调查结果
Guidelines 101（调查指南）	问题101询问行政部门是否向公众报告其为落实最高审计机构（SAI）提出的审计建议而采取的措施。审计的最终目的是核实预算的执行方式是否符合现行法律，并让政府对预算的执行及其未来的改进负责。审计在多大程度上实现后者取决于是否对最高审计机关审计报告中提出的建议采取了充分和及时的后续行动
Question 102（调查问题）	最高审计机关或立法机关是否向公众发布一份报告，跟踪行政部门为落实审计建议所采取的行动
Guidelines 102（调查指南）	问题102询问最高审计机构（SAI）或立法机构是否跟踪行政部门为落实审计建议而采取的行动。在立法机构讨论和验证审计结果和建议后，通常会要求行政部门采取某些行动来解决审计结果。为了问责，公众需要了解这些行动的现状，以及行政部门为落实审计建议所采取的措施。除了行政部门对其行动的报告（见问题101）外，最高审计机关和立法机关作为主要的监督机构，有责任通过跟踪行政部门在落实审计建议方面的进展情况，向公众通报情况

资料来源：国际预算合作组织（IBP）的开放预算调查问卷（OBS）。

[①] https://internationalbudget.org/open-budget-survey/.

（2）审计整改信息公开是中国审计整改工作的重要方面。

在中国，审计整改信息公开作为审计整改工作的重要方面，是审计机关政府信息公开的重要组成部分，也是被审计单位政府信息公开的重要内容。关于审计整改信息公开的制度文件规定，详见表3-2。

表3-2　　　　　　　　关于审计整改信息公开的制度文件

文件名称	发布时间	相关条款	具体内容
审计署《国家审计准则》	2010年9月	第一百五十七条	审计机关依法实行公告制度。审计机关的审计结果、审计调查结果依法向社会公布
		第一百五十八条	审计机关公布的审计和审计调查结果主要包括下列信息：（五）被审计（调查）单位的整改情况
国务院《关于加强审计工作的意见》	2014年10月	（十四）健全整改责任制	对审计发现的问题和提出的审计建议，被审计单位要及时整改和认真研究，整改结果在书面告知审计机关的同时，要向同级政府或主管部门报告，向社会公告
中办、国办《关于完善审计制度若干重大问题的框架意见》	2015年12月	（七）完善审计结果运行机制	审计机关要依法依规公告审计结果，被审计单位要公告整改结果
中共全国人大常委会党组《关于改进审计查出突出问题整改情况向全国人大常委会报告机制的意见》	2015年12月	七是推进信息公开	审计署应当及时将审计查出突出问题整改情况报告向社会公开，接受社会监督。被审计部门单位要将本部门单位整改结果向社会公告
国务院办公厅《关于全面推进政务公开工作的意见》	2016年2月	二、推进政务阳光透明（五）推进执行公开	各级政府及其工作部门都要做好督查和审计发现问题及整改落实情况的公开，对不作为、慢作为、乱作为问责情况也要向社会公开，增强抓落实的执行力
全国人大常委会办公厅《关于进一步加强各级人大常委会对审计查出突出问题整改情况监督的意见》	2020年6月	21.强化信息公开	审计机关和政府相关部门单位应当加大审计结果及其整改情况信息的公开力度，自觉接受社会监督。审计机关和政府相关部门单位提交人大常委会议的报告，应当全文向社会公开
审计署《"十四五"国家审计工作发展规划》	2021年6月	十五、全面加强审计业务管理	加大审计结果公开和审计整改情况公告力度

资料来源：郑小荣、洪婕发表在《财会通讯》2023年第9期的《政府审计整改结果信息公开内容特征研究》。

(3)社会公众对审计整改信息的百度搜索指数表现。

百度指数(Baidu Index)是以百度海量网民行为数据为基础的数据分析平台,是当前互联网乃至整个数据时代最重要的统计分析平台之一。就具体算法而言,是以网民在百度的搜索量为数据基础,以关键词为统计对象,科学分析并计算出各个关键词在百度网页搜索中搜索频次的加权和。根据使用百度搜索来源的不同,搜索指数分为PC搜索指数和移动搜索指数。

例如,以2019年对北京地区的"审计整改报告""审计整改情况报告"为关键词进行搜索,"对比时间段"设置为"2019年1月1日"至"2019年12月31日","搜索来源"设置为"PC+移动",地理范围选择"北京",显示结果为图3-1。一般都是选用"整体日均值"作为搜索结果进行使用,在这里的两个关键词的整体日均值分别为55和3,具体见图3-1。

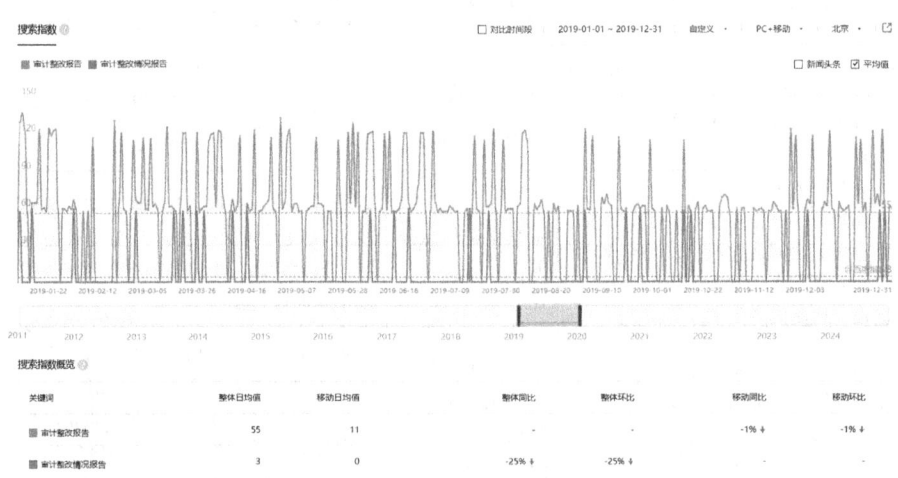

图3-1 北京地区2019年的"审计整改报告""审计整改情况报告"百度搜索指数

在本书的研究中,专门选取了"审计整改""审计整改情况""审计情况整改""审计整改报告""审计报告整改""审计整改情况报告""审计报告整改情况""审计整改质量"等含义相近但不完全相同的关键词,衡量公众对审计整改信息的关注程度,将上述关键词在百度指数中进行搜索,结果发现除"审计整改报告""审计整改情况报告"以外的其他关键词都未被百度指数收录。

需要说明的是,可以尝试购买除"审计整改报告""审计整改情况报告"以外的其他关键词的"百度指数创建新词服务",但是百度指数只会在购买后的第二天提供数据服务,不会追溯到历史数据。

为了更好地呈现社会公众对审计整改的关注情况,我们列示了全国层面2016—2021年的"审计整改报告"的百度搜索指数变化趋势,具体如图3-2所示。

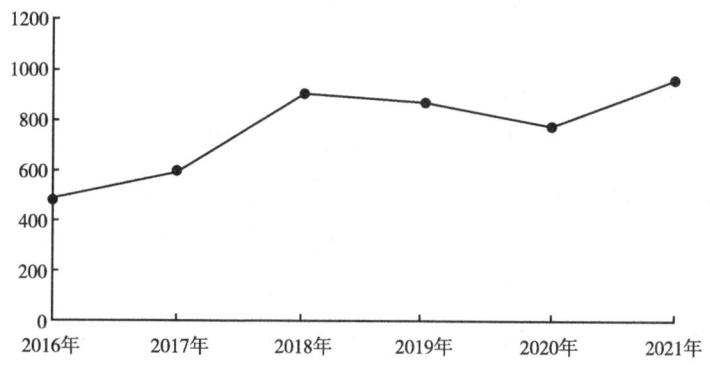

图3-2 全国层面2016—2021年间对"审计整改报告"的百度搜索指数

同时,还列示了部分省份自2016—2021年的"审计整改报告"的百度搜索指数变化趋势,具体如图3-3所示。

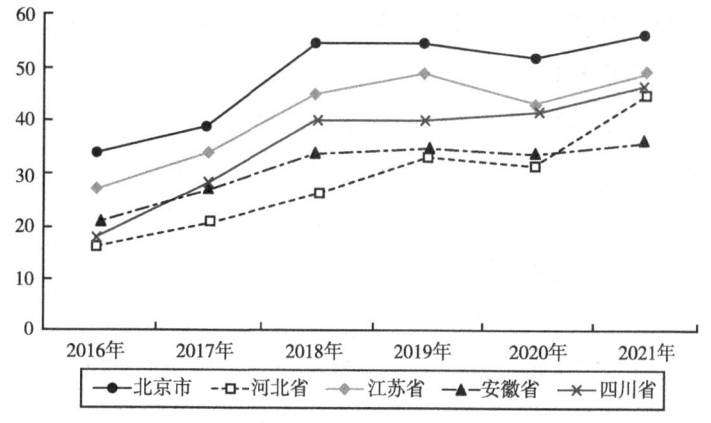

图3-3 部分省份2016—2021年间对"审计整改报告"的百度搜索指数

3.1.4 审计机关的信息化建设历程

20世纪90年代末，随着信息技术的迅猛发展，计算机技术在各行各业的运用越来越广泛，使以审查会计账册和相关经济活动资料为主要方式的审计职业遇到了前所未有的挑战。1999年，时任审计署审计长李金华同志向全国各级审计机关郑重提出，审计人员不掌握计算机技术，将失去审计资格。同年年底，审计署正式向国务院提出建设审计信息化系统的请示。至此，中国审计信息化建设项目（简称为"金审工程"）开始逐步推进。

（1）"金审工程"一期建设。

2001年9月至2002年7月，国家计委先后印发《关于审计信息化系统一期工程项目建议书的批复》《关于审计署审计信息化系统一期工程可行性研究报告的批复》《关于审计署信息化系统一期项目初步设计和投资概算的批复》，批复审计署开展"金审工程"一期建设。

"金审工程"一期建设始于2002年，重在解决设备的问题，组织完成了应用系统、网络系统、安全系统、计算机设备、机房改造5个方面的建设项目。这一期间，重点建设了现场审计实施系统（AO），利用信息技术对各类审计领域进行整合，实现审计信息系统的集约化和整体化；建设了审计管理系统（OA），不断提高了审计管理的现代化水平，提升了管理效率；试点建设了联网审计系统，对重要行业探索实施动态监测。另外，还建设了特派办局域网机房和相应的安全保障设施，实现了审计署机关与25个派出审计局、3个特派办和3个省级审计机关的广域互联。2005年11月，"金审一期"工程通过了国家发展改革委的竣工验收，为其他电子政务建设项目的实施提供了有益的借鉴。2005年至2008年，审计署拓展了审计管理系统，建立了地方版的"1拖N"模式。

（2）"金审工程"二期建设。

"金审工程"二期始于2008年，重在解决业务覆盖面的问题，对一期建设的3个应用系统进行了完善。"金审工程"制定了322项技术标准和管理规范，同时建设了相应的机房、安全保障系统和相关的配套环境；完善了与25个派出审计局、18个特派办和37个省级审计机关的网络连接,为各级审计机关信息交互共享奠定了基础;进一步完善了现场审计实施系统和审计管理系统,在中央、省、市、县四级审计机关推广使用,逐渐成为全国审计人员日常办公和开展审计业务工作的主要平台。截至2012年底,审计管理系统部署应用330套,覆盖全国2826个审计机关。

值得一提的是,审计署在2014年成立电子数据审计司,出台了《审计业务电子数据管理办法》等数据管理规定,大力推动现场审计向现场与非现场审计相结合转变。

(3)"金审工程"三期建设。

2010年7月,审计署向国家发展改革委、工信部报送了《国家重大信息化工程建设规划(2011—2015年)"金审三期"工程项目建议》。2012年9月,审计署着手编制"金审三期"工程需求分析报告等立项报告。

"金审工程"三期始于2016年,重在解决审计机关信息化支撑能力的问题,目标是建立形成"总体分析、发现疑点、分散核实、系统研究"的数字化审计作业方式,更好地运用互联网技术和信息化手段开展审计,向信息化要资源、向大数据要效率,以实现对公共资金、国有资产、国有资源、领导干部履行经济责任情况的审计全覆盖。

"金审工程"三期建设目前正在有序推进中,将按照"统一规划、两级部署、以用为本"的原则,从全局视野出发,着力构建审计工作全国一盘棋。

3.1.5 涉及审计整改的其他监督主体信息化建设历程

审计整改是一项系统工程,涉及诸多主体。2021年7月,中共中央办公厅、国务院办公厅印发的《关于建立健全审计查出问题整改长效机制的意见》,明确了党委、人大、政府、被审计单位、主管部门、审计机关等治理主体的不同职责。从监督主体的角度出发,人大、政府及主管部门都是非常重要的政治主体,因此,本书将继续对这两大主体的信息化建设历程进行介绍。

（1）人大预算联网监督平台建设及对审计整改的关注。

对审计整改情况进行监督是人大预算监督的重要内容。审查批准政府预算决算、监督预算执行是宪法和法律赋予全国人大及其常委会的重要职责，而对审计整改情况进行监督是人大预算监督的重要内容。中共中央办公厅在2018年印发的《关于人大预算审查监督重点向支出预算和政策拓展的指导意见》，就提出人大对预算部门的审查监督重点包括"审计查出问题整改落实情况"。2021年4月修订的《全国人民代表大会常务委员会关于加强中央预算审查监督的决定》在第九部分也提出要"加强审计查出问题整改情况的监督工作"。

2017年6月，全国人大常委会出台的《关于推进地方人大预算联网监督工作的指导意见》，专门提出了人大预算联网监督系统建设的总体规划和阶段性目标。总体规划是：争取用三年时间，逐步形成横向联通、纵向贯通的预算联网监督网络。阶段性目标是：2017年在全国省级人大建立预算联网监督系统；2018年以省为单位推动所属地市级人大预算联网监督系统建设并投入使用；2019年基本实现地市级人大预算联网监督系统建设和使用全覆盖，同时，引导和鼓励有条件的县级人大开展预算联网监督工作。

从实际建设情况来看，大多数省级人大在2017年和2018年发布了预算联网监督的项目招标信息，并在2018年底基本建成了省级预算联网监督平台。在2023年初召开的人大预算联网监督系统建设和使用工作（视频）交流会上，对2017年至2023年的预算联网监督系统建设和使用工作的经验做法进行了总结：截至2022年底，31个省（区、市）人大、90%的地市级人大、80%的县级人大，都建成了预算联网监督系统。

在地方层面，陕西省在2020年底率先发布的《人大预算和国有资产联网监督系统建设与运行规范》是人大在联网监督系统建设与运行方面的首个省级地方标准，该规范主要围绕省市县（区）人大预算联网监督系统建设运行，从系统框架、功能要求、数据采集、存储管理、审查监督和服务保障、问题处理和反馈、信息安全等方面进行了明确和规范。2020年6月，全国人大常委会办公厅出台的《关于进一步加强各级人大常委会对审计查出突出问题整改情况监督的意见》在"19.与推进预算联网监督紧密结合"部分就专门提出：要充分利用预算联网系统的数据资源，分析比对历年审计查出突出问题及其整改情况等内容信息，增强开展监督工作的深度和力度，提高监督的针对性和有效性。加强与审计机关相关信息共享，增强监督合力。

（2）"互联网+政务服务"和"互联网+督查"的建设及对审计整改的关注。

"互联网+政务服务"是2016年国务院总理在政府工作报告中提到的关键词。在报告中的具体原文为：大力推进"互联网+政务服务"，实现部门间数据共享，让居民和企业少跑腿、好办事、不添堵。"互联网+政务服务"概念，体现了简政放权中放管结合的理念，让政府的服务功能得到提高。2016年9月，国务院印发《关于加快推进"互联网+政务服务"工作的指导意见》，对加快推进"互联网+政务服务"工作作出总体部署。2017年1月，《国务院办公厅关于印发"互联网+政务服务"技术体系建设指南的通知》指出，通过加强顶层设计，对各地区各部门网上政务服务平台建设进行规范，优化政务服务流程，推动构建统一、规范、多级联动的全国一体化"互联网+政务服务"技术和服务体系。"互联网+政务服务"是政府年度考核的一项重要内容，主管部门对被审计单位的督促整改表现自然也是政府年度考核内容的重要方面。因此，被审计单位的主管部门会将"互联网+政务服务"有效运用于审计整改落实的督促工作中。

"互联网+督查"是国务院办公厅于2019年4月22日开通的平台，向社会征集四方面问题线索或意见建议：一是党中央、国务院有关重大决策部署和政策措施不落实或落实不到位的问题线索；二是政府及其有关部门、单位不作为、慢作为、乱作为的问题线索；三是因政策措施不协调、不配套、不完善给市场主体和人民群众带来困扰的问题线索；四是改进政府工作的意见建议。企业和群众可以登录中国政府网或下载国务院客户端，进入国务院"互联网+督查"专栏，也可以进入国务院"互联网+督查"小程序提供线索、反映问题和提出建议。对审计发现问题的拒不整改、选择性整改和敷衍整改正是不作为、慢作为、乱作为的典型代表，应当纳入"互联网+督查"的重点范围。国务院办公厅将对收到的问题线索和意见建议进行汇总整理，督促有关地方、部门处理。2021年，国务院办公厅将审计整改情况纳入国务院第八次大督查，对16省的373个典型问题开展专项督查①。2022年，国务院办公厅将审计整改情况纳入国务院第九次大督查②。由此可见，在国务院的第八次、第九次大督查中，自然会运用"互联网+督查"手段对审计整改情况进行专项督查。

3.2 理论基础

3.2.1 习近平总书记关于审计工作的重要论述与国家审计质量的表现

以往关于国家审计本质的主要观点有：审计查账论、经济监督论、经济控制论、权力控制论、民主法治论、免疫系统论。这些观点都是人们基于审计工作在不同的历史发展时期所呈现出来的不同表象，对国家审计本质从不同视角和层次上进行了概括，形成了关于国家审计本质的不同认识。

随着国家审计影响的扩大和声望的提高，全社会对审计机关的诉求越来越多，关于国家审计的边界问题在学术界也引起了广泛讨论（靳思昌、张立民，2013；徐京平等，2016；罗欢平，2018）。

在马克思主义哲学中，"否定之否定"规律揭示了事物发展的趋势和道路，即事物的发展表现为前进性和曲折性的统一。任何事物的发展变化都是新事物对旧事物的否定，是事物内部的肯定和否定两方面矛盾斗争的结果，是事物自我发展的过程，但是否定并不是全盘抛弃，而是"扬弃"，是克服和保留的统一。新事物否定旧事物然后被更新的事物否定，一切事物都是如此"螺旋式"向前发展。

---

① 2021年12月《国务院关于2020年度中央预算执行和其他财政收支审计查出问题整改情况的报告》https://www.audit.gov.cn/n5/n26/c10180212/content.html。

② 2022年12月《国务院关于2021年度中央预算执行和其他财政收支审计查出问题整改情况的报告》http://www.npc.gov.cn/npc/c2/c30834/202212/t20221229_320939.html。

党的十九届三中全会决定组建中央审计委员会，习近平总书记亲自担任中央审计委员会主任。习近平总书记关于审计工作的重要论述，升华了对新时代国家审计的本质认识。

2018年12月，习近平总书记在对审计整改情况进行批示时，提出了"经济体检论"，即，审计就像体检，既要"查病"，也要"治已病""防未病"。2023年5月，习近平总书记在二十届中央审计委员会第一次会议上提出"要立足经济监督定位，聚焦主责主业"。这些都是对国家审计本质的新的认识，明确了国家审计的首要定位是经济监督，强调了国家审计在经济领域的重要作用，强调了国家审计的监督职能，强调了国家审计要着眼于具体经济行为和经济事项，强调了违法违规问题的查处和整改。

在二十届中央审计委员会第一次会议上，习近平总书记还提出，要打造经济监督的"特种部队"，这对国家审计质量提出了更高的要求。会议还强调：审计整改"下半篇文章"与审计揭示问题"上半篇文章"同样重要，必须一体推进。这为明确国家审计质量的内涵提供了新的启示。

3.2.2　制度变迁理论视角下国家审计质量提升的机理

制度变迁理论将制度因素纳入经济增长的分析框架，发现了制度因素对经济增长的重要解释作用。根据制度变迁理论，有两条不同的制度变迁路径：一条路径是"自上而下"的政府主导的强制性制度变迁；另一条路径是"自下而上"的公众诉求的诱致性制度变迁。科斯认为，中国自改革开放以来取得伟大成就的原因，就在于由政府推动的"自上而下"的改革和由公众诱发的"自下而上"的边缘革命，两者之间相辅相成。

制度变迁理论作为一种重要的理论工具，可以用来分析和解释经济、政治等各领域中制度的变化和发展过程，关注的是制度如何变化以及这种变化对个体和全社会会造成何种影响。从古代、近代和现代的国家审计制度变迁过程来看，我国国家审计制度变迁遵循着"诱致性变迁为主、强制性变迁为辅"的变迁路径（曹越等，2016）。本书认为，在新时代国家审计领域的研究中，制度变迁理论同样具有很强的适用性，可以用来解释国家审计质量的驱动因素。

（1）强制性制度变迁视角下省级审计负责人任免制度改革影响审计揭示问题质量的机理。

在改革开放前，中国并未形成独立的审计制度。改革开放后，党中央在1980年8月提出了修改宪法的建议。1980年9月，第五届全国人大三次会议接受党中央委员会的建议，决定成立宪法修改委员会。中国1982年修改的《中华人民共和国宪法》及之后颁布的《中华人民共和国审计法》《中华人民共和国审计法实施条例》等法律法规，从根本上确立和保障了国家审计的独立性。在人员独立性方面，中国审计署审计长由总理提名，全国人大常委会任命，地方各级审计机关主要负责人由政府提名，地方人大常委会任命；而且下级审计机关负责人的任免调动，需征求上级审计机关意见，这种人事安排的独立性，有利于保持稳定性（刘家义，2015）。

DeAngelo（1981）将审计质量界定为"发现"和"报告"财务报表中重大错报的联合概率，也可以理解为审计揭示问题质量是审计独立性和审计专业性的联合概率。侯凯审计长多次提到，"有问题没发现是失职，发现问题不报告是渎职"。

就国家审计而言，审计揭示问题质量会受到审计独立性和审计专业性的影响。2006年对《中华人民共和国审计法》的修订和2010年对《中华人民共和国审计法实施条例》的修订都专门增加了地方各级审计机关负责人的任免应当事先征求上一级审计机关的意见的相关内容，进一步增强了审计的独立性，从而提升审计质量（吴秋生等，2016）。对省级审计机关而言，2015年中共中央办公厅、国务院办公厅下发的《框架意见》则明确提出"任免省级审计机关正职，须事先征得审计署党组同意；任免省级审计机关副职，须事先征求审计署党组的意见"。这无疑更进一步增强了省级审计机关负责人的独立性，也会对审计揭示问题质量产生重要影响。

（2）强制性制度变迁视角下组建党委审计委员会影响审计整改质量的机理。

党的十九届三中全会决定组建中央审计委员会，加强党中央对审计工作的集中统一领导。成立中央审计委员会，意味着党领导下的中国审计实现"三个超过",即在历史长河中超过任何时期,放眼世界超过任何国家,在党和国家事业各方面工作中超过许多工作领域(孙宝厚,2018)。党对审计工作领导的制度安排,使国家审计在服务国家治理时具备了更高的政治权威、制度权威和工作权威(彭华彰,2024)。

以往,审计整改存在虚假整改、敷衍整改的一个重要原因是审计监督的权威性太低,被审计单位缺少外在压力。在地方组建党委审计委员会后,审计监督的权威性得到了极大提高,落实审计整改已经成为一项政治任务,政府及主管部门会主动部署和督促审计整改工作,被审计单位会受到更大的压力去主动落实审计整改,从而对审计整改质量产生重要影响。

(3)诱致性制度变迁视角下社会公众诉求影响审计整改质量的机理。

社会公众是诱致性制度变迁的重要主体。从广义范围来看,社会公众是指参与社会活动的民众群体,包括普通公众、新闻媒体、专家学者、企业代表、社会团体等。对审计工作而言,社会公众会更加关注审计发现问题的整改落实情况。如果审计整改发现问题"屡审屡犯",社会公众则会逐渐失去对审计监督的信任。

社会公众会运用审计结果公告,跟踪和监督审计发现问题的后续处理情况和被审计单位的整改情况(胡泽君,2019)。对普通公众而言,可能会基于社会责任感和参政议政的愿望,通过微博、微信等媒体形成"围观效应",发挥社会舆论监督的作用。对于一些与公告事项有利益关系的社会公众而言,会更充分地运用审计结果公告,加强与有关部门和单位互动。对专家学者而言,可以从相关专业角度进行解读,较为理性地引领社会舆论,促进有关部门和被审计单位加强对审计发现问题的整改。因此,社会公众诉求会对政府及主管部门、被审计单位产生舆论压力,从而对审计整改质量产生重要影响。

3.2.3 路径依赖理论视角下相关主体信息化建设赋能国家审计质量提升的机理

路径依赖(Path Dependence)这一概念最早是由美国经济学家Paul于

1985年提出的经济学专业术语,通过"QWERTY"型键盘的经典故事证明了路径依赖的存在。Arthur进一步发展了这一观点,将其应用到技术演进中,形成了技术演进的路径依赖理论。该理论认为"类似于物理学中的惯性,在技术演进的过程中,一旦选择了某种选择,就可能对这种路径产生依赖"。

在当前信息化时代,信息技术进步已成为技术进步的重要组成部分,各行各业都会对信息技术产生依赖。国家审计不同历史时期的目的和技术手段及相互关系决定了审计本质,相应的理论研究目的和科研技术手段又决定了人们对国家审计本质的理论认识与观点建构(张俊民、张莉,2016)。本书认为,在国家审计领域的研究中,信息技术进步同样具有很强的适用性,同样可以用来解释国家审计质量的驱动因素。

(1)审计机关信息化建设影响审计揭示问题质量的机理分析。

审计揭示问题是审计的"上半篇文章",对审计机关而言,"有问题没发现是失职"。在审计署2020年度集中整训时的专题党课上,新任审计长侯凯专门提到,审计工作必须坚持问题导向,揭示问题是审计赖以存在的根本,任何时候都不能放弃;到任何被审计单位开展审计,必须要有揭示问题意识的"职业病"。根据DeAngelo(1981)对审计质量的定义,审计专业性是影响审计质量的两大因素之一。对国家审计而言,必须提高审计专业性才能提升揭示问题质量。

信息技术在审计机关的普及和推广,既可以减少审计人员的工作量,也可以拓宽审计证据的来源,进而提升审计效率(张立民、许钊,2014)。审计机关信息化建设,在增加显性的审计硬件设备和审计软件等设施的同时,也会潜移默化地影响着审计人员的工作习惯和思维方式(王智玉,2011)。在信息化环境下,审计数据的收集和整理处理速度已经相当快,会将审计人员从一大堆烦琐却又不太重要的程序中解放出来,将更多的精力投入对审计数据的分析和发现问题等重要程序上。因此,审计机关信息化建设会通过影响审计专业性从而影响审计揭示问题质量。

(2)互联网发展赋能相关主体行为影响审计整改质量的机理分析。

审计整改是审计的"下半篇文章",涉及包括审计机关在内的很多主体,不是审计机关可以独立完成的任务。黄溶冰(2018)提出了审计整改概念模型,认为审计整改涉及的五类主体包括:审计机关、被审计单位、本级人大、政府及有关部门和社会公众。对被审计单位而言,其他四类主体都会监督其如何落实审计整改。由于社会公众属于前文提到的诱致性制度变迁的主体,而审计机关的信息化建设也在前文做过介绍,因而在此专门介绍互联网发展赋能人大、政府及有关部门影响审计整改质量的机理。

对人大而言,督促跟踪审计整改情况是其开展预算监督的重要职责(山雪艳,2018),而信息系统建设则是新时代人大预算监督能力的重要维度(樊丽明等,2022)。在互联网技术的支持下,预算联网监督平台作为人大开展预算监督的重要载体,会增强对审计整改情况跟踪监督的及时性、全面性和充分性,从而影响审计整改质量。

对政府及有关部门而言,在以往部署和督促审计整改情况时,可能存在"有心无力"或"有力无心"的不同情形,从外界看来,都属于态度不好的表现;从经济学上讲,都属于需求不足的表现。互联网发展可以有力扭转这一态度不好或者需求不足的表现,从而影响审计整改质量。对于"有心无力"的政府及有关部门而言,"互联网+政务服务"可以满足其部署和督促审计整改的需求;对于"有力无心"的政府及有关部门而言,"互联网+督查"会将其部署和督促审计整改的情况作为考核内容。

3.3 分析框架

基于前文的制度背景和理论基础,本章将构建全书的理论分析框架,如图3-4所示。

(1)从省级审计机关负责人任免制度改革这一早期的强制性制度变迁视角出发,研究省级审计机关负责人任期影响审计揭示问题质量的效果与作用机理;(2)从组建党委审计委员会这一后期的强制性制度变迁视角出发,研究组建党委审计委员会影响审计整改质量的效果与作用机理;(3)从诱致性制度变迁的视角出发,研究社会公众诉求影响审计整改质量的效果与作用机理;(4)从信息技术赋能审计"上半篇文章"单一主体的视角出发,研究审计机关信息化建设影响审计揭示问题质量的效果与作用机理;(5)从信息技术赋能审计"下半篇文章"多元主体的视角出发,研究互联网发展影响审计整改质量的效果与作用机理。

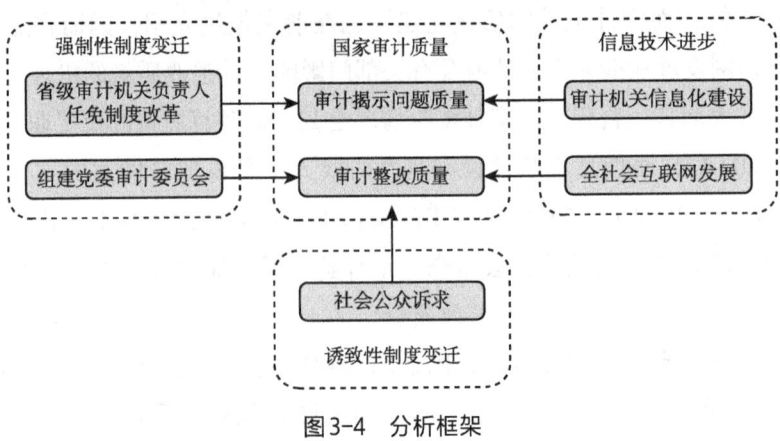

图3-4 分析框架

第 4 章

强制性制度变迁与审计揭示问题质量：基于省级审计机关负责人任期的视角

4.1 研究缘起

习近平总书记强调审计要发挥常态化"经济体检"作用，既要"查病"，也要"治已病""防未病"。其中，"查病"是指审计揭示和反映问题；"治已病"是指对审计发现问题提出直接解决方案，督促被审计单位进行整改，纠错于既然；"防未病"是指对审计发现问题提出长远解决方案，促进被审计单位健全完善制度，防患于未然（刘誉泽、姜江华，2019）。可见，"查病"在国家审计质量中的体现就是审计揭示问题质量，"治已病""防未病"在国家审计质量中的体现则是审计整改问题质量。"查病""治已病""防未病"是由表及里、层层递进的过程，其中，"查病"是"治已病""防未病"的前提。换言之，审计揭示问题质量是国家审计质量的起点。

根据我国《中华人民共和国宪法》规定，"地方各级审计机关依照法律规定独立行使审计监督权，对本级人民政府和上一级审计机关负责"。一方面，省级审计机关要接受本级政府的领导。在当前各省级政府领导的分工中，审计机关通常是由省（市）长分管或直接负责，省级审计机关负责人可以直接向省（市）长汇报工作。另一方面，省级审计机关同时也要受审计署在业务上的领导。在省级审计机关的年度审计项目计划中，由审计署安排的审计项目都是重中之重。地方审计机关的双重领导体制总体来说是适应我国政治体制安排的，但也显现出一些问题和弊端（刘家义，2015），严重影响了审计机关的独立性（郑石桥，2011），审计揭示问题质量难免会受到影响。

为此，2006年修订的《中华人民共和国审计法》以及2010年修订的《中华人民共和国审计法实施条例》专门明确了"地方各级审计机关负责人的任免，应当事先征求上一级审计机关的意见"，而中共中央办公厅、国务院办公厅于2015年印发的《关于完善审计制度若干重大问题的框架意见》（以下简称《框架意见》）特别明确了"任免省级审计机关正职须事先征得审计署党组同意，任免省级审计机关副职须事先征求审计署党组意见"。可见，以审计机关负责人任免制度的持续改革为代表的强制性制度变迁，会逐步提高审计署在省级审计机关负责人任免制度中的地位，也必然会逐步增强省级审计机关负责人在任期中的独立性，从而影响审计揭示问题质量。

省级审计机关负责人在任期中的表现，会受到省级行政首长和审计署的共同关注，甚至受到党中央和国务院的积极关注。根据公开资料显示，一些在任期中表现优秀的省级审计机关负责人通常都会被推荐委以重任，担任财政厅厅长、税务局局长、监察厅厅长、地级市市委书记等职务，甚至担任省部级领导等职务。因此，基于省级审计机关负责人任期的视角，研究审计机关负责人任免制度的持续改革这一强制性制度变迁对审计揭示问题质量的影响具有重要意义。

考虑到审计管理体制改革在不断深入推进，除了2006年修订《中华人民共和国审计法》、2010年修订《中华人民共和国审计法实施条例》和2015年印发《框架意见》以外，2018年，党和国家机构改革决定组建中央审计委员会，各省也先后在2018年和2019年组建省级党委审计委员会，为了排除2018年组建党委审计委员会的影响，本章将专门研究2018年之前审计机关负责人任免制度的持续改革这一强制性制度变迁对审计揭示问题质量的影响。具体地，本章将以2008—2017年的省级面板数据为样本，实证研究省级审计机关负责人任期对审计揭示问题质量的影响。

与已有研究相比，本章的创新和贡献主要体现在拓宽了强制性制度变迁影响国家审计质量的研究视角。一些文献从地市级审计机关层面开展了研究，例如，审计机关负责人任免征求上级意见的制度改革对地市级审计机关审计质量的影响（吴秋生等，2016），省以下审计机关人财物管理改革对地市级审计机关审计质量的影响（蔡春等，2020），但并未结合过《框架意见》中省级审计机关负责人任免征求审计署党组意见的制度改革带来的影响。也有文献基于省级审计机关层面开展了研究，例如，审计机关负责人任期对审计投入产出绩效的影响（吴秋生、郭伟，2017）和对国企资产保值增值的影响（王艳艳等，2020），但并未验证省级审计机关负责人独立性提升的机制。本章将以2006年修订《中华人民共和国审计法》、2010年修订《中华人民共和国审计法实施条例》和2015年出台《框架意见》对省级审计机关负责人任免制度持续改革的视角，研究省级机关负责人任期对审计揭示问题质量的影响。

4.2 理论分析与研究假说

《中华人民共和国宪法》规定，地方审计机关实行双重领导体制，即受本级人民政府和上一级审计机关的领导。这一体制总体来说是适应我国政治体制安排的，但也显现出一些问题和弊端（刘家义，2015），主要问题是严重影响了审计机关的独立性（郑石桥，2011），致使地方审计机关每年向上级审计机关和本级人大提交的审计报告都是在与地方政府反复协商后的"和谐版"（王在桥，2015）。审计机关负责人任期中的独立性会受到本级政府的干预，主动选择审计妥协以延长自己的任期，这也使审计机关负责人的任期延长对独立性产生负面影响（王艳艳等，2020），审计揭示问题质量可能会逐渐降低。

随着审计管理体制的不断改革和完善，审计署开始不断加强对省级审计机关的领导，以减少省级审计机关负责人任期延长对独立性产生的负面影响。2006年修订的《中华人民共和国审计法》提出了"地方各级审计机关负责人的任免，应当事先征求上一级审计机关的意见"，2010年修订的《中华人民共和国审计法实施条例》在坚持这一原则的同时，还明确了审计机关负责人在职期间不得随意撤换的几种例外情形。这些规定使地方政府更换审计机关负责人的权力受到限制，增强了审计机关负责人的独立性，可以促进审计机关揭示和反映更多违规问题（吴秋生等，2016）。2015年中共中央办公厅、国务院办公厅印发的《框架意见》提出要"强化上级审计机关对下级审计机关的领导"，特别是"任免省级审计机关正职，须事先征得审计署党组同意；任免省级审计机关副职，须事先征求审计署党组的意见"。

审计署党组会全面评价省级审计机关的工作业绩和独立性表现，向地方政府反馈任免省级审计机关负责人和副职的意见，以加强对省级审计机关的领导。一方面，在审计机关负责人任免制度持续改革的背景下，省级审计机关负责人在任期中会逐渐感受到来自审计署的更多支持和地方政府的更少干预，省级审计机关负责人的独立性会伴随着任期的延长而不断增强。另一方面，《框架意见》还明确了省级审计机关副职的任免要征求审计署党组意见，这也是对省级审计机关独立性的保障。对省级审计机关而言，负责人和副职都是领导班子成员，负责人的独立性会受到副职等班子成员独立性的影响，副职等班子成员的独立性也会受到负责人独立性的影响，从而最终影响审计机关的整体独立性。负责人在开展工作时需要得到副职的支持，特别是在决定揭示和反映审计查出的重大问题时，更需要负责人和副职都保持更强的独立性。

在审计机关独立性不断提升的前提下，审计机关的理性决策是严格履行上级政府及上级审计机关的审计要求，极大地降低了其被地方政府俘获控制和审计妥协的概率（张琦、孙旭鹏，2021）。自2006年修订《中华人民共和国审计法》、2010年修订《中华人民共和国审计法实施条例》、2015年中共中央办公厅和国务院办公厅联合出台《框架意见》到2018年成立中央审计委员会之前，以审计机关负责人任免制度持续改革为代表的强制性制度变迁的程度不断深化，省级审计机关负责人任期对独立性的负面影响不仅会随着任期的延长而逐渐减少，而且正面影响开始出现并不断增加，审计查出和披露的问题会随着任期的延长开始不断增加，审计揭示问题质量会随着审计机关负责人任期的延长而不断提升。

综上，本章提出以下假说：

H4-1：在审计机关负责人任免制度持续改革的背景下，省级审计机关负责人的任期越长，审计揭示问题质量会越高。

4.3 研究设计

4.3.1 样本选择和数据来源

考虑到审计管理体制改革在不断深入推进，除2006年修订《中华人民共和国审计法》、2010年修订《中华人民共和国审计法实施条例》和2015年印发《框架意见》外，2018年党和国家机构改革决定组建中央审计委员会，各省也先后在2018年和2019年组建省级党委审计委员会，为了排除2018年组建党委审计委员会的影响，本章将专门研究2018年之前的强制性制度变迁对审计揭示问题质量的影响。

由于《框架意见》明确提出了专门针对任免省级审计机关负责人及其副职的要求，本章的研究样本为省级样本，样本区间为2008年至2017年。由于西藏的相关数据缺失较多，选择的样本为除西藏以外的30个省、自治区和直辖市（以下简称"省份"，不包含香港、澳门和台湾地区）。

省级审计机关负责人的任期信息是以《中国审计年鉴》中各省级审计机关"领导成员"名单为基础进行的手工收集整理，个人履历信息则是通过政府任命公告、人民网、新华网以及百度百科等途径收集，审计官员任期共有300个样本；由于部分审计机关负责人任职信息缺失，任职特征共有279个样本。

审计揭示问题质量的数据来源于《中国审计年鉴》，其他数据来源于《中国财政年鉴》《中国统计年鉴》以及《中国互联网络发展状况报告》，实证部分用Stata15.0进行分析处理。

4.3.2 研究变量的选取

（1）被解释变量。

审计揭示问题质量（$Reveal$）。审计揭示问题质量主要是指揭示和反映被审计单位违法违纪等问题的情况。在现实中，省级地方审计机关在进行工作总结时多是以审计查出主要问题金额（包括违规金额、浪费损失金额以及管理不规范金额）和审计移送情况作为审计机关的主要业绩。在现有文献中，李明和聂召（2014）、刘雷等（2014）、潘俊等（2019）、张龙平等（2019）、喻开志等（2020）也是将审计查出主要问题金额或审计移送情况作为审计质量的主要测量指标。因此，本章首先使用审计查出主要问题金额进行衡量，并将审计移送情况作为稳健性检验的替代指标。考虑到各省的经济发展水平不一样，本章将审计查出主要问题金额与各省生产总值的比值作为衡量指标。

（2）解释变量。

审计机关负责人任期（$Tenure$）。本章研究的省级审计机关负责人任期是指在省级审计机关担任正职领导（一把手）的任期，即审计厅厅长或审计局局长的任期，不包括副厅长、副局长或其他副职领导的任期。借鉴王贤彬和徐现祥（2008）的做法，如果上任月份数为1—5月，将当年视为任期的第一年，如果上任月份数为6—12月，则将下一年视为任期的第一年；同时，如果在1—5月离职，则上一年为任期的最后一年，如果在6—12月离职，则当年为任期的最后一年。

（3）控制变量。

本章借鉴张鼎祖和刘爱东（2015）、程莹（2015）、黄溶冰和乌天玥（2016）、庞保庆等（2020）的做法，选取下列控制变量，如表4-1所示。

①经济发展水平（$Lnpcgdp$）。本章选取各省份人均GDP的自然对数作为衡量经济发展水平的指标。

②对外开放程度（$Open$）。本章将各地的外商直接投资水平按照当年平均汇率换算成人民币，再取其自然对数作为对外开放的衡量指标。

③政府规模（Gov）。政府规模越大，财政财务收支规模越大，越容易

出现违法违规现象，国家审计查出的违规金额也越大。本章选用财政支出与GDP的比值反映政府规模。

④审计人员的相对工资待遇（Wage）。本章选取"公共管理和社会组织的平均工资与该地区平均工资之比"作为审计人员的相对工资待遇。

⑤信息化发展水平（Ipr）。本章使用《中国互联网络发展状况报告》公布的互联网普及率衡量。

⑥城镇化率（Urban）。本章使用各省份城镇人口与年末常住人口的比值来衡量。

⑦人口规模（Lnpop）。本章使用各地区年末常住人口数的自然对数来衡量。

⑧教育水平（Lnedu）。本章使用每十万人高等学校平均在校人数的自然对数来衡量各省的教育水平。该值越大，说明该地区的人口素质水平越高，审计机关与被审计单位的沟通越顺畅，越有利于提高审计揭示问题质量。

⑨市场化程度（Marktet）。本章使用樊纲等的市场化指数进行衡量，由于《中国分省份市场化指数报告（2018）》中的市场化指数更新到了2016年，根据最近替代原则，本章将缺失的2017年数据用2016年的数据代替。

表4-1　　　　　　　　　　变量的具体情况

变量名称	变量符号	变量定义和说明
审计揭示问题质量	Reveal	审计查处主要问题金额/本地区生产总值
审计机关负责人任期	Tenure	借鉴王贤彬和徐现祥（2008）对任期的计算方法
经济发展水平	Lnpcgdp	各省人均生产总值的自然对数
对外开放程度	Open	外商投资企业投资总额（亿元）按汇率兑换成人民币并取对数
政府规模	Gov	财政支出与生产总值的比值
审计人员的相对工资待遇	Wage	公共管理和社会组织的平均工资与该地区平均工资之比
信息化发展水平	Ipr	各地的互联网普及率
城镇化率	Urban	城镇人口/年末常住人口
人口规模	Lnpop	年末常住人口数的自然对数
教育水平	Lnedu	每十万人的大学生在校生数的自然对数
市场化程度	Marktet	樊纲等的市场化指数

4.3.3 实证模型的设计

基于前文的研究假说，本章构建以下模型进行实证研究。其中，$Reveal$表示审计揭示问题质量；$Tenure$代表审计机关负责人的任期，$Control$代表影响揭示问题质量的经济发展水平、对外开放程度、政府规模等其他因素；i表示省份，t代表时间，γ代表省份固定效应，δ代表时间固定效应，ε为残差。为了控制自相关对回归标准误的影响，本章将标准误聚类到省份层面。

在模型（4-1）中α_1显著为正时，说明审计机关负责人的任期越长，审计揭示问题的质量越高，验证了假说H4-1。

$$Reveal_{i,t} = \alpha_0 + \alpha_1 Tenure_{i,t} + \sum \alpha_i Control_{i,t} + \gamma_i + \delta_t + \varepsilon_{i,t} \qquad (4-1)$$

4.4 实证分析

4.4.1 描述性统计分析

表4-2给出了各主要变量的描述性统计分析结果，其中，审计揭示问题质量（$Reveal$）的均值为0.109，最小值为0.015，最大值为0.820，表明我国各省份审计揭示问题质量存在较大差异。审计机关负责人任期（$Tenure$）的均值为4.257，接近一个任期期限，且任职年数最少为1年，最多为13年，差别较大。

控制变量层面，政府规模（Gov）的均值为0.233，最小值为0.087，最大值为0.627，说明不同省份的政府规模差别较大；各省审计人员的相对工资待遇（$Wage$）的均值为1.080，说明审计人员待遇在整体上要略高于公共管理部门的平均工资水平，最小值为0.739，最大值为1.652，说明不同省份之间审计人员的相对工资待遇相差较大；互联网普及率（Ipr）的均值为42.585%，最小值和最大值分别为11.500%和78.000%，这说明各省信息化发展水平整体上较低，且各省之间差异较大；城镇化率（$Urban$）的均值为0.547，最小值为0.291，最大值为0.896，说明城镇化水平整体相对较低，且各省城镇化水平差异较大；市场化程度（Marktet）的均值为6.230，最小值为2.330，最大值为10.000，说明市场化程度整体相对较低，且各省市场化程度差异较大。

表4-2　　　　　　　　　　描述性统计

变量	样本量	均值	标准差	最小值	中位数	最大值
Reveal	300	0.109	0.098	0.015	0.081	0.820
Tenure	300	4.257	2.797	1.000	4.000	13.000
Lnpcgdp	300	10.572	0.511	9.201	10.575	11.767
Open	300	8.121	1.378	5.078	7.997	11.685
Gov	300	0.233	0.098	0.087	0.212	0.627
Wage	300	1.080	0.159	0.739	1.053	1.652
Ipr	300	42.858	15.256	11.500	43.450	78.000
Urban	300	0.547	0.132	0.291	0.529	0.896
Lnpop	300	8.187	0.741	6.317	8.249	9.321
Lnedu	300	7.753	0.329	6.876	7.723	8.817
Marktet	300	6.230	1.814	2.330	6.140	10.000

4.4.2　实证结果分析

表4-3为实证回归结果。其中，列（1）中审计机关负责人任期（Tenure）的回归系数为0.005，且在10%的显著性水平上显著，这验证了假说H4-1，即审计机关负责人任期越长，越有利于提升审计揭示问题质量。这说明了2006年《中华人民共和国审计法》的修订实施到2018年成立中央审计委员会之前，在省级审计机关负责人任免制度持续改革的背景下，随着省级审计机关负责人任期的延长，独立性受到的干扰和影响会逐渐减少，而且正面影响会开始出现并不断增加，从而促进审计揭示问题质量的提升。

表4-3　　　　　　　　　　实证结果

变量	(1) Reveal
Tenure	0.005* (1.786)
Lnpcgdp	−0.348** (−2.046)
Open	−0.013 (−0.512)
Gov	−0.349 (−1.507)
Wage	0.139 (1.699)
Ipr	−0.000 (−0.138)
Urban	0.462 (1.161)
Lnpop	0.148 (0.564)
Lnedu	0.246* (1.945)
Marktet	−0.003 (−0.261)
时间固定	Yes
省份固定	Yes
Cons	0.260 (0.109)
N	300
R^2	0.298
调整后R^2	0.250

注：***、**和*分别表示1%、5%和10%的显著性水平；括号内为t值；标准误为省份层面的聚类稳健标准误，下同。

本章将进一步研究2010年《中华人民共和国审计法实施条例》的修订，以及2015年《框架意见》的出台等对审计机关负责人任期与审计揭示问题质量关系的影响，结果如表4-4所示。相比列（1）、列（3）的回归系数不显著，列（2）、列（4）的回归系数都显著；而且列（2）、列（4）的回归系数分别是0.006、0.012，呈增长趋势，这可以间接反映出省级审计机关负责人任免制度的改革和完善使审计机关负责人的独立性随着任期的延长而增强，从而促进了审计揭示问题质量的提升。

表4-4　机制检验结果

变量	（1）《中华人民共和国审计法实施条例》修订前（2008—2010）Reveal	（2）《中华人民共和国审计法实施条例》修订后（2011—2017）Reveal	（3）《框架意见》实施之前（2008—2015）Reveal	（4）《框架意见》实施之后（2016—2017）Reveal
Tenure	0.002（0.901）	0.006**（2.149）	0.004（1.449）	0.012**（2.594）
控制变量	Yes	Yes	Yes	Yes
时间固定	Yes	Yes	Yes	Yes
省份固定	Yes	Yes	Yes	Yes
Cons	9.582*（1.917）	2.862（0.949）	−2.025（−0.556）	33.227（1.463）
N	90	210	240	60
R^2	0.305	0.243	0.261	0.536
调整后R^2	0.197	0.180	0.205	0.442

4.5　稳健性检验

4.5.1　替换变量

第一，借鉴庞保庆等（2020）的做法，将地方财政支出水平作为审计发现问题金额的对照标准，使用审计机关查出主要问题金额与地方财政支出的比值（Reveal2）来衡量审计揭示问题质量，将其代入模型进行回归，结果见表4-5的列(1)。审计机关负责人任期的回归系数为0.016且在10%的水平上显著,与主回归结果一致,说明对假说H4-1的验证具有很强的稳健性。

表4-5　　　　　　　替换自变量的检验结果

变量	(1) Reveal2	(2) Reveal3	(3) Lntrans1	(4) Lntrans2
Tenure	0.016* (1.821)	0.045*** (2.793)	0.030* (1.732)	0.038* (1.812)
控制变量	Yes	Yes	Yes	Yes
时间固定	Yes	Yes	Yes	Yes
省份固定	Yes	Yes	Yes	Yes
Cons	8.774 (0.826)	−49.253* (−1.718)	−12.933 (−0.530)	−39.184 (−0.938)
N	300	300	299	296
R^2	0.306	0.388	0.656	0.368
调整后R^2	0.259	0.346	0.632	0.324

第二,借鉴韩峰和吴雨桐(2018)的做法,用审计机关查出的违规金额来表征审计揭示问题质量,为了消除潜在的异方差问题进一步取对数(Reveal3),将其代入模型进行回归,结果见表4-5的列(2)。审计机关负责人任期的回归系数为0.045且在1%的水平上显著,与主回归结果一致,说明对假说H4-1的验证具有很强的稳健性。

第三,从审计移送角度衡量审计揭示问题质量,分析用移送司法机关、纪检监察机关和有关部门处理人员加1取自然对数(Lntrans1),以及移送司法机关、纪检监察机关和有关部门处理事项加1取自然对数(Lntrans2)来衡量,进行稳健性检验,结果如表4-5的列(3)和列(4),表明审计机关负责人任期可以在审计移送方面促进审计揭示问题质量的提升。

4.5.2　考虑遗漏重要变量的影响

第一,审计机关不是单独在工作,讨论审计揭示问题质量时不能割裂审计机关与当地行政领导的关系,在分析讨论的时候要考虑当地政府主要领导对政府审计工作的支持力度。根据地方行政首长的分工,审计机关一般归省长或市长直接领导。庞保庆等(2020)基于地市级数据的研究发现,在市长更替年份审计力度会明显提高。在省级层面,也可能存在省长更替对审计揭示问题质量的影响,因此考虑到可能会出现遗漏省长更替这一重要变量产生的内生性问题。本章在控制变量中加入省长更替(Gchange)的虚拟变量,结果如表4-6所示,任期(Tenure)的回归系数仍然显著,说明了本章对假说H4-1的验证具有很强的稳健性;但模型中省长更替(Gchange)的回归系数并不显著,我们认为这可能是因为政府行政首长对审计工作的支持力度其实就已经体现在审计机关负责人的任期中,如果政府行政首长对审计工作满意,就会支持审计机关负责人延长任期;如果不满意,就会考虑更换审计机关负责人。

表4-6　　　　　　考虑遗漏重要变量的检验结果

变量	(1) Reveal	(2) Reveal	(3) Reveal	(4) Reveal
Tenure	0.005* (1.810)	0.005* (1.894)	0.005* (1.899)	0.005* (1.862)
Gchange	0.010 (1.109)	0.010 (1.125)	0.010 (1.127)	0.010 (1.156)
F_age		0.002 (0.932)	0.002 (0.803)	0.002 (0.823)
F_tenure			0.000 (0.263)	0.000 (0.250)
F_degree				−0.006 (−0.462)
控制变量	Yes	Yes	Yes	Yes
时间固定	Yes	Yes	Yes	Yes
省份固定	Yes	Yes	Yes	Yes
Cons	0.284 (0.120)	0.391 (0.168)	0.380 (0.164)	0.675 (0.286)
N	300	298	298	298
R^2	0.300	0.305	0.305	0.305
调整后R^2	0.250	0.252	0.249	0.247

第二，由于财政部门也负责对财政资金的监管，审计揭示问题质量也会受到财政部门负责人特征的影响。因此，本章进一步在控制变量中加入财政厅厅长特征变量，依次加入财政厅厅长的年龄（F_age）、任期（F_tenure）、学历（F_degree），结果如表4-6所示的列（2）至列（4），审计机关负责人任期（$Tenure$）的回归系数仍然显著，说明了本章对假说H4-1的验证具有很强的稳健性。

4.5.3 缓解反向因果和样本自选择引起的内生性问题

如果审计机关负责人能够更好地领导审计机关提高审计揭示问题质量，查出更多违法违规问题，就会得到同级党委、政府和人大认可，地方政府也会倾向于选择延长审计机关负责人的任期时间。因此，本章使用Heckman两阶段模型解决可能存在的内生性问题。第一阶段，将审计机关负责人是否变更作为哑变量构造Probit估计方程，由于研究审计机关负责人任期影响因素的文章较少，本章借鉴周泽将等（2020）、朱松和柯晓莉（2018）的做法，选取与模型（1）中相同的控制变量加入Probit估计方程，计算逆米尔斯利率（IMR）。第二阶段的模型是在模型（1）的基础上加入逆米尔斯利率（IMR）进行回归，结果如表4-7所示，表明回归结果具有稳健性。

表4-7　　　　使用Heckman两阶段模型的回归结果

变量	（1） Reveal
Tenure	0.004* （1.911）
控制变量	Yes
IMR	−0.008 （−0.930）
Cons	0.517 （0.232）
时间固定	Yes
省份固定	Yes
N	300

续表

变量	（1） Reveal
R^2	0.520
调整后 R^2	0.426

为了继续缓解可能存在的内生性问题，本章借鉴李建军和韩珣（2019）、陈志斌和汪官镇（2020）、李姝等（2021）使用自变量的滞后一期作为工具变量的做法，将上一期的审计机关负责人任期作为工具变量，使用两阶段最小二乘法进行回归。关于工具变量的有效性，Kleibergen-Paap rk LM statistic = 17.438，P = 0.000，拒绝不可识别假说；Cragg-Donald F statistic = 39.678（大于Stock-Yogo检验10%水平的临界值16.380），拒绝弱工具变量假说；Hansen J Statistic = 0.000（equation exactly identified），拒绝过度识别假说；这些说明工具变量的选择是有效的。在此基础上，表4-8的列（2）中任期（Tenure）的系数显著为正，再次说明本章对假说H4-1的验证具有很强的稳健性。

表4-8　　　　使用工具变量缓解内生性问题的检验结果

变量	（1）第一阶段 Tenure	（2）第二阶段 Reveal2
L.Tenure	0.398*** （3.947）	
Tenure		0.063* （1.750）
控制变量	Yes	Yes
时间固定	Yes	Yes
省份固定	Yes	Yes
Cons	−75.808 （−1.026）	−51.245*** （−2.710）
Kleibergen-Paap rk LM	Statistic=17.438，P=0.000	
Cragg-Donald F	39.678（大于Stock-Yogo检验10%水平的临界值16.380）	
Hansen J	0.000（equation exactly identified）	
N	270	270

续表

变量	（1）第一阶段 Tenure	（2）第二阶段 Reveal2
R^2	0.475	0.820
调整后 R^2	0.364	0.782

4.5.4 替换模型

（1）排除非线性关系的影响。

已有研究发现，注册会计师任期与审计质量呈现倒"U"型关系（吴伟荣、郑宝红，2015），即注册会计师对审计质量的影响并非线性关系，而是存在一个拐点，在拐点之前任期的延长有利于审计质量的提升，但是超过拐点之后审计质量则会下降。那么，审计机关负责人任期与审计揭示问题质量之间是否也会呈现出类似的倒"U"型关系？与此同时，由于省级审计机关负责人的任期延长对独立性依然可能存在负面影响，那么审计机关负责人任期与审计揭示问题质量之间是否会在某个拐点之后出现斜率减小的曲线关系呢？

为此，本章构建面板门槛模型进行回归，以审计机关负责人任期为门槛变量（q_{it}），划分不同的任期区间，假定门槛值为λ，当$q_{it} \geq \lambda$时I为1，否则为0。在考虑单一门槛的基础上，将模型扩展至双重门槛，具体见模型（4-2）：

$$Reveal_{it} = \alpha_0 + \alpha_j \sum_j \alpha_j Control_{it} + \alpha_1 Tenure_{it} \times I(q_{it} \leq \lambda)$$
$$+ \alpha_2 Tenure_{it} \times I(q_{it} > \lambda) + \gamma_i + \delta_t + \varepsilon_{it} \tag{4-2}$$

表4-9　　　　　　　　　门槛效应检验

	门槛值	F值	P值	置信区间
单一门槛检验	10.0000	5.140	0.178	[9.0000, 11.0000]
双重门槛检验	7.0000	1.610	0.567	[6.0000, 8.0000]

注：P值和置信区间均采用Bootstrap自助抽样法抽取1000次的结果。

Hansen（1999）的门槛回归理论认为，对于给定的门槛值λ，可以通过对模型的参数估计得到残差平方和，残差平方和越小，λ越接近真实的门槛值，因此，根据模型的拟合情况确定最佳的分界点。由表4-9的门槛效应回归结果表明，单一门槛估计值为10.000的F统计量的值为5.140，P值为0.178，没有通过检验；进一步考虑双重门槛模型，门槛值分别为10.000和7.000，P值为0.567，结果也不显著，表明模型中并不存在门槛值，审计机关负责人与审计揭示问题质量并不存在转折点，两者的关系是线性的。也就是说，模型（4-1）中把审计机关负责人任期与审计揭示问题质量设置为线性模型是合理的。

（2）使用Tobit模型进行回归。

由于本章中衡量审计揭示问题质量时，使用的是审计查处主要问题金额与本地区生产总值的比值，最小值为0.015，最大值为0.820，介于0到1之间，这一变量有着明显的受限制特征。因此，本章考虑使用Tobit模型进行回归，如表4-10所示。回归结果表明，对以上假说的验证具有较强的稳健性。

表4-10　　　　　　　　使用Tobit模型的检验结果

变量	（1） *Reveal*
Tenure	0.007** （2.025）
控制变量	Yes
时间固定	Yes
省份固定	Yes
N	300
卡方	185.090

4.6 进一步研究

4.6.1 考虑审计机关负责人任职特征的影响

（1）新任审计机关负责人的行政级别特征。

Maslow（1943）认为，人的需求是由生理、安全、社交、尊重和自我实现这五个层次的需求构成的，而自我价值实现的需求则是最高层次的需求。对于公职人员而言，行政级别晋升不仅是其职业发展的主要通道，更是其自身价值得到体现的有力证明。在晋升机制的激励下，地方官员在任期内会有着强烈的动机去提高地区生产总值（张豪等，2017）。对省级审计机关负责人而言，在晋升激励下会有强烈的动机去提高工作业绩，即通过审计查出和发现更多问题。

一方面，通过实现行政级别晋升，不仅可以提高薪酬水平，更为重要的是可以带来巨大的成就感和愉悦感，从而有更强的意愿和动力去开展下一阶段的工作。相较于平级调动，实现行政级别晋升的新上任省级审计机关负责人会受到更多的政治激励（王艳艳等，2020），会认为自己之前的工作已经得到了同级党委、政府和人大的高度认可，会激励自己在接下来的任期中继续努力，通过审计查出和报告更多的违规资金，在职业生涯的下一步晋升中牢牢占据优势。

另一方面，行政级别晋升不总是一帆风顺的，在科层制的"金字塔"结构面前，总有人会遇到级别晋升的"天花板"，很有可能变得消极懈怠。当新上任的省级审计机关负责人是同级调动时，由于已经在其他部门担任过正职，之前也在自己的任期中不断努力希望能够实现行政级别晋升，但是当知道自己的努力没有获得行政级别晋升的回报时，工作热情和积极性则会减小，不会有很强的动力去要求审计查出和报告更多的违规资金。

综上所述，本章预期相比同级别调动、实现行政级别晋升的省级审计机关负责人的任期对审计揭示问题质量的提升作用会更强。因此，本章将全样本分为实现了行政级别晋升与同级别调动的两组样本进行回归，结果见表4-11的列（1）和列（2）。列（1）为实现了行政级别晋升的样本，审计机关负责人任期的回归系数为0.008且在10%的水平上显著为正；列（2）为同级别调动的样本，审计机关负责人任期的回归系数不显著，组间系数差异性检验表明两组系数上存在显著差异，这说明相较于平级调动，行政级别晋升的新任审计机关负责人会受到更强的政治激励，在任期中能查出更多的违规金额，提升审计揭示问题质量。

表4-11 考虑行政级别晋升和财政工作经历的影响

变量	（1）行政级别晋升 Reveal	（2）同级别调动 Reveal	（3）有财政工作经历 Reveal	（4）无财政工作经历 Reveal
Tenure	0.008* (1.904)	−0.002 (−0.533)	0.023* (1.771)	0.005** (2.283)
组间系数差异性检验	P=0.069		P=0.027	
控制变量	Yes	Yes	Yes	Yes
时间固定	Yes	Yes	Yes	Yes
省份固定	Yes	Yes	Yes	Yes
Cons	2.853 (0.777)	6.375 (1.414)	−0.172 (−0.027)	−1.893 (−0.638)
N	170	109	81	198
R^2	0.271	0.487	0.455	0.254
调整后R^2	0.179	0.378	0.286	0.174

（2）拥有财政系统工作经历的特征。

自《中华人民共和国审计法》出台以后，我国国家审计工作开始由财政监督逐步转向监督财政，监督财政已成为国家审计最基本的职能（李金华，2003）。省级审计机关负责人每年例行的一项重要工作，就是受本级政府委托向人大常委会作关于本级预算执行和其他财政收支情况的审计工作报告。财政预算工作具有很强的政策性、专业性和复杂性，涉及面广，关系到经济社会的发展全局和人民群众的切身利益，而且财政预算管理改革一直都是经济体制改革的重中之重，如果省级审计机关负责人不能及时通晓财政政策、有效使用财政理论、全面掌握财政业务，就很难带领审计机关有效查出问题，也很难向人大作出有价值、有分量的审计工作报告。

通过梳理审计机关负责人的任职经历，很容易发现有相当比例的审计机关负责人曾经在财政系统工作过。例如，现任财政部部长蓝佛安在担任广东省审计厅厅长之前就曾担任过财政厅副厅长。当审计机关负责人拥有在财政系统工作的经历时，必然会对一些尚未被审计发现过或是其他原因造成的财政管理问题了然于胸，在领导审计机关开展工作时会更加得心应手。正所谓"在其位谋其政,任其职尽其责",拥有在财政系统工作经历的省级审计机关负责人,会更好地将财政理论知识、财政政策动态和财政业务工作融会贯通,能够更加准确地揭示以往审计没有发现的财政资金管理使用问题,以及财政运行中的风险隐患和体制机制性问题。

综上,本章预期对拥有在财政系统工作经历的省级审计机关负责人而言,其任期对审计揭示问题质量的促进作用会更强。因此,本章将全样本分为有财政工作经历与无财政工作经历的两组样本进行回归,结果见表4-11的列(3)和列(4)。列(3)为有财政系统工作经历的样本,审计机关负责人任期的回归系数为0.023且在10%的水平上显著为正;列(4)为没有财政系统工作经历的样本,审计机关负责人任期的回归系数为0.005且在5%的水平上显著,而两组系数的差异性通过了显著性检验,这说明拥有财政系统工作经历的审计机关负责人更能有效掌握财政政策,也更能深入了解财政管理问题,发现更多的财政违法违规金额,从而更好地促进审计揭示问题质量的提升。

4.6.2 考虑财政状况的异质性分析

近年来,随着我国经济发展进入新常态,国务院先后推出了一系列减税降费政策,在财政支出不断加大的同时财政收入增速减慢,各地财政赤字率有所上升,财政收支矛盾凸显。在此背景下,各级政府纷纷提出要大力压减一般性支出、承诺过"紧日子"和提高财政资金绩效,地方党委、政府和人大也对审计机关负责人提出相应的要求。因此,本章将进一步研究在不同的财政赤字压力下,审计机关负责人的任期对审计揭示问题质量的影响是否有所不同。本章借鉴张龙平等(2019)的做法,使用财政赤字率来衡量地区财政状况,按照中位数将全样本分为政府财政状况差和财政状况好两组样本,分别进行回归,见表4-12。列(1)的回归系数为0.010且显著,列(2)的回归系数为0.002但不显著,组间系数差异通过显著性检验,这表明在财政状况较差的地区,审计机关负责人任期对审计揭示问题质量的提升作用更显著。

表 4-12　　　　　　　基于财政状况的异质性检验

变量	（1） 财政状况较差 Reveal	（2） 财政状况较好 Reveal
Tenure	0.010* （2.000）	0.002 （0.654）
组间系数差异性检验	P=0.087	
控制变量	Yes	Yes
时间固定	Yes	Yes
省份固定	Yes	Yes
Cons	−6.201 （−1.631）	0.364 （0.115）
N	150	150
R^2	0.297	0.413
调整后 R^2	0.194	0.327

4.6.3　考虑对审计整改质量的影响

审计机关要做好常态化的"经济体检"工作，除了"查病"以外，还要"治已病"和"防未病"。换言之，随着审计机关负责人任期的延长，除了会注重审计揭示问题质量的提升，也应当注重审计整改质量的提升。因此，本章将进一步研究审计机关负责人任期对审计整改质量的影响。其中，从"治已病"的角度来看，审计整改质量主要体现为审计期间已经整改落实的问题资金情况，而审计长在全国审计工作会议上的报告中多使用增收节支和挽回损失金额来体现，因此本章使用已上缴财政资金、已减少财政资金拨款或补贴、已归还原渠道资金之和的自然对数（Lnzjls）来衡量"治已病"角度的审计整改质量。从"防未病"的视角来看，审计整改质量主要体现为审计报告或审计结果提交之后起到的预防作用，而审计报告或审计调查报告被党委、政府批示和采纳后起到的预防效果是最为明显的，因此本章使用被批示和采用的审计报告和审计调查报告①的自然对数（Lnpscn）来衡量"防未病"角度的审计整改质量，结果如表4-13所示。在列（1）和列（2）中，审计机关负责人任期的系数分别为0.036和0.038且都在5%的水平上显著，说明审计机关负责人任期同样有助于从"治已病"和"防未病"的角度来提升审计整改质量。

表4-13　审计机关负责人任期对审计整改质量影响的检验结果

变量	（1） Lnzjls	（2） Lnpscn
Tenure	0.036** （2.616）	0.038** （2.133）
控制变量	Yes	Yes
时间固定	Yes	Yes
省份固定	Yes	Yes
Cons	23.417 （1.204）	22.051 （0.665）
N	300	180
R^2	0.556	0.097
调整后R^2	0.526	0.014

4.7　本章小结

本章选取2008—2017年省级面板数据，基于省级审计机关负责人任期的视角，研究强制性制度变迁对审计揭示问题质量的影响。研究表明：省级审计机关负责人的任期越长，越有利于促进审计揭示问题质量的提升；机制分析发现，以省级审计机关负责人任免制度的持续改革为代表的强制性制度变迁，会增强省级审计机关责任人任期中的独立性，从而促进审计揭示问题质量的提升。进一步研究发现，当新任省级审计机关负责人是由

---

① 《中国审计年鉴》是从2013年开始公布被批示、采用审计报告和专项审计调查报告数据，截至2018年公布样本数为180个。

行政级别晋升或拥有在财政系统工作的经历时,其任期对审计揭示问题质量的提升作用会更显著;在财政状况较差的地区,省级审计机关负责人任期对审计揭示问题质量的提升作用也更显著;从"经济体检"作用的全过程来看,省级审计机关负责人的任期还有助于促进审计整改质量的提升。

基于以上研究结论,本章得出以下政策启示:

第一,坚持和巩固已经成熟的审计机关负责人任免制度。在2021年修订《中华人民共和国审计法》时仍然没有对第十七条进行修正,对地方审计机关负责人正职的任免规定仍然是征求上级审计机关的"意见",而不是《框架意见》中提到的征求上级审计机关"同意"。目前已经开始了《中华人民共和国审计法实施条例》的修订工作,根据本章研究结论,建议在修订《中华人民共和国审计法实施条例》时可以进行如下考虑:将中共中央办公厅、国务院办公厅于2015年印发的《框架意见》中提到的"任免省级审计机关正职须事先征得审计署党组同意,任免省级审计机关副职须事先征求审计署党组意见"这一规定予以体现。通过法律的健全和完善,就可以有效保障审计机关负责人依法独立开展审计工作,促进常态化"经济体检"作用的发挥。

第二,健全和完善对审计机关工作的领导和考核机制。一是要加强党对审计工作的领导。在新一轮的党政机构改革中,各地成立了党委审计委员会及其办公室。以省级审计机关为例,省委审计委员会办公室设在省级审计机关,省级审计机关负责人同时也是省委审计委员会办公室主任。加强省委审计委员会对审计工作的领导,会让审计机关负责人在任职期间不断提高政治站位,认真做好"查病""治已病"和"防未病",发挥审计的常态化"经济体检"作用。二是要坚持和完善下级审计机关主要负责同志向上级审计机关党组述职报告的工作制度。以省级审计机关为例,要严格按照审计署党组在2018年1月印发的《省级审计机关主要负责同志向审计署党组述职报告工作的办法》的规定,每年安排10名左右省级审计机关主要负责同志进行现场述职报告,其他省级审计机关主要负责同志报送书面述职报告。

第 5 章

强制性制度变迁与审计整改质量：基于组建党委审计委员会的视角

5.1 研究缘起

长期以来，被审计单位不重视审计整改的一个重要原因是审计机关的地位相对较低、权威性不足。在同一地方的党政序列中，地方审计机关的级别低于纪委监委，也低于法院和检察院。相对审计机关而言，被审计单位更"畏惧"级别较高的其他监督部门。审计发现问题的"屡审屡犯"，既反映了审计机关的权威性不足，也反映了权威性组织的介入不到位（雷俊生，2020）。

2018年2月，党的十九届三中全会审议通过的《深化党和国家机构改革方案》（以下简称《改革方案》）提出：为加强党中央对审计工作的领导，构建集中统一、全面覆盖、权威高效的审计监督体系，更好发挥审计监督作用，组建中央审计委员会，作为党中央决策议事协调机构。习近平总书记亲自担任中央审计委员会主任，时任国务院总理李克强、中纪委书记赵乐际分别担任副主任。中央审计委员会成立后，审计监督的权威性极大增强（赵广礼，2019），审计监督具有了高度的政治权威、制度权威和工作权威（王永海，2024）。

作为中央审计委员会办公室的审计署，审计工作重大事项都要向中央审计委员会报告，具体包括出台重大政策和改革方案、制订重大发展规划和年度计划、提交重要审计情况和年度审计报告、请示重大违纪违法问题处理等（胡泽君，2018），自然也包括审计查出突出问题的整改情况报告。

《改革方案》还提出，省市县各级涉及党中央集中统一领导和国家法制统一、政令统一、市场统一的机构职能要基本对应。按照要求，地方县级及以上党委也纷纷组建了审计委员会，并明确了审计委员会的职责。在各级审计委员会领导成员中，一位副主任由同级行政首长担任，另一位副主任则由同级党委常委、纪律检查委员会书记担任。地方党委审计委员会的组建，极大地提升了审计权威性，特别是会增强审计整改的严肃性。因此，有必要研究地方组建党委审计委员会对审计整改质量的影响。

考虑到中共中央办公厅和国务院办公厅在2015年12月联合下发了《关于完善审计制度若干重大问题的框架意见》，为了排除这一政策出台前后的差异，本章的研究起始年度为2016年。本章采用2016—2021年中国31个省份的面板数据，实证研究组建党委审计委员会对审计整改质量的影响。

本章内容可能的贡献和创新主要体现在丰富了组建党委审计委员会的治理效应研究和审计整改质量在正式制度层面的影响因素研究。一些文献对组建中央审计委员会的重要意义和重要价值进行了规范研究（孙宝厚，2018；赵广礼，2019；王永海，2024），个别文献实证研究了各地组建党委审计委员会对国有企业高质量发展的影响（郭檬楠等，2024），但这些文献并未专门研究过组建党委审计委员会对国家审计质量特别是对审计整改质量的影响。本书从组建党委审计委员会能够增强审计权威性的视角，研究了组建党委审计委员会对审计整改质量的影响效应、作用机制和情境差异，丰富了组建党委审计委员会的经济后果研究以及审计整改质量的影响因素研究。

5.2 理论分析与研究假说

5.2.1 审计监督权威性与组建党委审计委员会

权威性是审计监督的重要特征之一（刘家义，2012；刘家义，2015；刘力云，2016）。审计监督的权威性不仅是指审计作为一种制度能够受到党和国家的重视而在国家治理体系中具有崇高地位，而且是指审计监督权在实践中能受到充分的保障、尊重和重视（李明辉、叶超，2022）。

审计监督的权威性首先体现在审计制度的权威性上。从国际惯例来看，世界上绝大多数国家都将国家审计写入了宪法，确立了其在国家基本政治制度中的宪法地位，从法律上凸显了国家审计机构的权威性（刘家义，2012）。《中华人民共和国宪法》的第九十一条、第一百零九条对审计机关的设置和审计监督的地位做了明确规定，赋予了审计监督的法律权威。中国共产党的领导是中国特色社会主义的本质特征。党的十九届三中全会决定组建中央审计委员会，加强党中央对审计工作的集中统一领导，并由党的总书记亲自担任中央审计委员会主任，审计监督具有了高度的政治权威、制度权威和工作权威（王永海，2024）。

中央审计委员会及地方各级党委审计委员会组建后，由本级党委主要领导担任主任的审计委员会都明确了审计委员会的主要职责，其中就包括对审计领域重大政策和重大事项进行审议，这进一步提升了审计监督的地位，保证和巩固了审计监督的权威性（李明辉、叶超，2022）。

5.2.2 组建党委审计委员会与审计整改质量

中央审计委员会成立以来，《关于加强地方党委审计委员会工作的指导意见》《关于建立健全审计查出问题整改长效机制的意见》《省级党委审计委员会重大事项请示报告实施办法》等制度文件相继出台，为巩固和加强党对审计工作的领导提供了坚强制度保障（张晓峰，2024）。特别是《关于建立健全审计查出问题整改长效机制的意见》强化了审计整改责任落实，维护了审计监督的严肃性和权威性，为构建权威高效的审计整改运行模式提供了重要的制度保障（李国有、黄叶飞，2022）。

审计整改落实很大程度上直接或间接依赖其他主体的压力，其中，来自被审计单位上级单位的压力最为直接（钱弘道、谢天予，2019）。从政府序列来看，被审计单位的上级单位，要么是主管部门，要么是本级政府。

地方党委审计委员会的委员构成，一般包括本级党委、政府的主要负责人和纪委监委、组织人事、审计、财政、税务、金融等部门主要领导。本级党委对审计整改工作负有领导责任，党委对审计工作的领导是通过党委审计委员会来实现的。党委审计委员会可以改善政府及主管部门部署和督促整改的态度，以及增强被审计单位落实整改的决心，从而提升审计整改质量。

第一，党委审计委员会在听取本级党委审计委员会办公室（即本级审计机关）汇报审计情况的基础上，及时研究和确定审计查出重大问题的处理意见。审计机关要借助党委审计委员会制度，通过审计查处问题报告对象的上移，依靠党的领导来促进审计整改落实（李明辉、叶超，2022），特别是促进政府做好审计整改工作的部署以及主管部门做好对被审计单位落实整改的督促工作。

第二，党委审计委员会可以同时听取本级党委审计委员会办公室（即本级审计机关）关于查出问题跟踪监督情况的报告、政府负责人整改情况报告以及问题突出的责任部门整改落实情况汇报，全面掌握审计整改情况并做出相关决定。例如，对于"三公"经费管理不严的问题，审计机关可请求党委审计委员会协调政府及财政、发展改革委等职能部门或整改责任单位研究综合治理方案（雷俊生，2020），从而调动政府各部门协调推动审计整改的积极性。

第三，党委审计委员会可以支持人大及其常委会将开展预算监督和国有资产监督情况同督促审计整改工作结合起来，督促政府及有关部门单位及时全面地落实人大常委会关于审计工作报告、整改情况报告的决议或审议意见，特别是应当要求被审计单位及其主管部门接受人大就有关重大问题审计整改情况的质询（李明辉、叶超，2022），增强被审计单位落实整改的决心。

第四，党委审计委员要推动和督促纪检、监察等部门把审计监督与党管干部、纪律检查、追责问责有机结合起来，将审计整改落实情况作为考核、任免、奖惩政府部门领导干部的重要参考，以此增强被审计单位落实整改的决心。

第五，党委审计委员定期就审计整改工作情况进行研究，及时处理相关情况。审计机关可以从整改事项性质、整改环境、积极作为与消极不作为等多方面，为审计委员会提供更多的整改结果信息（王扬，2020），从而使政府及主管部门将部署和督促审计整改工作落到实处，以及督促被审计单位认真落实审计整改工作。

第六，党委审计委员可以对整改落实过程中需要多部门协调的事项进行统筹协调，以促进落实。党委审计委员会协调人大、纪委、监察委等权力型监督主体实施监督，督促责任单位及时有效整改并完善治理结构（雷俊生，2020）。通过优化审计整改的治理结构，可以明确政府及主管部门在审计整改中的部署责任和督促责任，以及更好明确被审计单位如何落实审计整改的第一责任，从而提升审计整改质量。

结合前述分析，本章提出以下假说：

H5-1：在其他条件不变的情况下，组建党委审计委员会促进了审计整改质量的提升。

5.3 研究设计

5.3.1 样本选择与数据来源

考虑到中共中央办公厅和国务院办公厅在2015年12月联合出台了《关于完善审计制度若干重大问题的框架意见》，为了排除这一政策的影响，本章的研究起始年度为2016年；2023年9月出版的《中国审计年鉴（2022）》统计的是审计机关2021年的数据，因此，本章的样本区间为2016—2021年。由于缺失2016年的西藏自治区数据，最终得到的样本数为185。

本章选取2016—2021年中国31个省、自治区和直辖市（以下统一简称为"省"）的面板数据。其中，党委审计委员会第一次会议召开时间根据审计署、各省（市、自治区）审计厅（局）官网以及向审计厅（局）申请信息公开等方式手工整理所得，详见表5-1。

审计整改质量以及相关的审计数据来源于《中国审计年鉴》，控制变量的数据来源于《中国财政年鉴》《中国统计年鉴》等。实证部分用Stata16.0进行分析处理。

表5-1　　　　　　党委审计委员会第一次会议召开时间

名称	会议召开时间
中央审计委员会	2018年5月23日
广东省委审计委员会	2018年7月
海南省委审计委员会	2018年10月19日
辽宁省委审计委员会	2018年11月19日
山东省委审计委员会	2018年11月19日
福建省委审计委员会	2018年12月5日
北京市委审计委员会	2018年12月7日
新疆维吾尔自治区党委审计委员会	2018年12月8日
黑龙江省委审计委员会	2018年12月12日
湖北省委审计委员会	2018年12月12日
宁夏回族自治区党委审计委员会	2018年12月14日
河北省委审计委员会	2019年1月2日
湖南省委审计委员会	2019年1月3日
上海市委审计委员会	2019年1月4日
江苏省委审计委员会	2019年1月7日
浙江省委审计委员会	2019年1月8日
广西壮族自治区党委审计委员会	2019年1月15日
甘肃省委审计委员会	2019年1月16日
贵州省委审计委员会	2019年2月12日
内蒙古自治区党委审计委员会	2019年2月13日
吉林省委审计委员会	2019年2月13日
云南省委审计委员会	2019年2月13日
山西省委审计委员会	2019年2月14日
江西省委审计委员会	2019年2月14日
重庆市委审计委员会	2019年2月19日
青海省委审计委员会	2019年2月21日

续表

名称	会议召开时间
西藏自治区党委审计委员会	2019年2月25日
安徽省委审计委员会	2019年2月26日
四川省委审计委员会	2019年2月26日
天津市委审计委员会	2019年3月20日
陕西省委审计委员会	2019年3月25日
河南省委审计委员会	2019年4月12日

5.3.2 研究变量的选取

（1）被解释变量。

审计整改质量（Rectify）。本书在第一章的核心概念部分提到，对于情节一般的审计整改情况，可以从审计机关作出审计处理的落实情况来研究；对于情节严重的审计整改情况，可以从审计机关移送至纪检监察、司法等部门的事项落实情况来研究。第6章研究的是情节一般的审计整改，本章研究的则是情节严重的审计整改。本章借鉴喻开志等（2020）、上官泽明和白玮东（2023）的做法，使用审计移送处理落实事项来衡量审计整改质量。

由于被解释变量与其他变量的量纲相差较大，本章借鉴邵宜航和游杰（2023）的做法，将被解释变量的数值乘以100，即将被解释变量的系数值扩大100倍，以便于解读和分析。在本章中，审计整改质量的衡量指标为"审计移送处理落实事项×100/被审计单位数"。

（2）解释变量。

组建党委审计委员会（Cenaudit）。考虑到各省份组建党委审计委员会的具体时间难以直接获取，而各省党委审计委员会第一次会议的召开标志着该地党委审计委员会已组建完成并开始正式运行，更能体现组建党委审计委员会所产生的政策效应。因此，本章借鉴郭檬楠等（2024）的做法，设置组建党委审计委员会的分期虚拟变量，定义各省召开党委审计委员会第一次会议的当年及以后取值为1，其余取值为0，用Cenaudit表示。

（3）控制变量。

本章借鉴吴秋生等（2016）、池国华等（2018）、上官泽明和赵晓艳（2021）的做法，选取下列控制变量：

①政府规模（Gov）。政府规模大的地区，财政支出金额也较大，审计更容易发现问题，审计整改涉及的资金数额也越多。本章使用财政支出与GDP的比值来衡量政府规模。

②对外开放程度（$Open$）。对外开放有利于倒逼政府推动行政管理改革，自然也会推动审计整改工作的开展。本章使用外商投资水平测度对外开放程度，将各地外商投资企业投资总额（亿元）按当年汇率折算成人民币后取自然对数作为对外开放程度的衡量指标。

③教育水平（$Lnedu$）。地区教育水平高低会影响当地公务人员的素质，也会影响审计整改主体的态度和行为。本章使用普通高等学校在校学生数取自然对数来测度教育水平。

④人口密度（Den）。人口密度大的地区，对审计问题的关注度相对较高，进而影响审计整改质量。本章使用各省年末常住人口/各省行政区域面积来衡量人口密度。

⑤城镇化水平（$Urban$）。审计与纪检司法部门的审计工作有助于减少城镇化过程中的违法违纪行为，地区城镇化水平越高，说明地区相关政策的实施情况和相关公共资金的使用情况越好。本章选取城镇人口数占年末常住人口数的比重衡量地区的城镇化水平。

⑥审计人员相对工资（$Wage$）。审计人员的相对工资待遇能够反映审计人员享受的物质激励，工资待遇提升会提高审计人员工作积极性，对审计整改质量产生影响。本章使用公共管理和社会组织的平均工资与该地区平均工资之比来衡量审计人员的相对工资待遇。

⑦被审计单位数（$Lnnum$）。被审计单位数量越多，审计发现和揭示问题的数量可能越多，涉及审计整改金额和相关事项可能也就越多。本章对"被审计单位数+1"取自然对数。

变量的具体情况如表5-2所示。

表 5-2　　变量的定义和说明

变量名称	变量符号	变量定义和说明
审计整改质量	Rectify	移送处理落实事项 × 100/被审计单位数
组建党委审计委员会	Cenaudit	省份召开党委审计委员会第一次会议的当年及以后取值为1，其余取值为0
政府规模	Gov	财政支出与GDP的比值
对外开放程度	Open	外商投资企业投资总额（亿元）按当年汇率折算成人民币之后取对数
教育水平	Lnedu	普通高等学校在校学生数取自然对数
人口密度	Den	各省年末常住人口数/各省行政区域面积
城镇化水平	Urban	城镇人口数/年末常住人口数
审计人员相对工资	Wage	公共管理和社会组织的平均工资/该地区平均工资
被审计单位数	Lnnum	"被审计单位数+1"的自然对数

5.3.3　实证模型的设计

基于前文的研究假说，本章构造模型（5-1）进行实证检验。其中，$Rectify_{i,t}$ 表示 i 省份 t 时期的审计整改质量；$Cenaudit_{i,t}$ 代表 i 省份 t 时期组建党委审计委员会；$Controls_{i,t}$ 代表影响审计整改质量的其他因素；γ_i 和 δ_t 分别代表省份固定效应和时间固定效应。模型还对标准误进行省份层面的聚类处理。

$$Rectify_{i,t} = \alpha_0 + \alpha_1 Cenaudit_{i,t} + \sum \alpha_j Controls_{i,t} + \gamma_i + \delta_t + \varepsilon_{i,t} \quad (5-1)$$

5.4　实证分析

5.4.1　描述性统计分析

各主要变量的描述性统计结果如表5-3所示。其中审计整改质量（Rectify）的最大值为35.878，最小值为0.070，这表明我国各省之间的审计整改质量存在较大差异。组建党委审计委员会（Cenaudit）的均值为0.557，表明受到组建党委审计委员会政策效应影响的样本观测值占比为55.7%。

表5-3　　　　　　　　　描述性统计结果

变量	样本量	均值	标准差	最小值	中位数	最大值
Rectify	185	2.680	3.979	0.070	1.543	35.878
Cenaudit	185	0.557	0.498	0.000	1.000	1.000
Gov	185	0.287	0.185	0.105	0.231	1.289
Open	185	9.023	1.479	5.163	8.952	12.585
Lnedu	185	4.293	0.923	1.270	4.459	5.593
Den	185	10.977	16.678	0.029	6.264	87.095
Urban	185	0.621	0.113	0.332	0.609	0.893
Wage	185	1.107	0.156	0.836	1.082	1.545
Lnnum	185	7.876	0.899	4.844	8.052	9.484

5.4.2　实证结果分析

实证结果如表5-4所示。其中列（1）为没有加入任何控制变量的回归结果，Cenaudit的系数为1.730且在10%水平上显著为正。列（2）为仅加入不含审计人员相对工资和被审计单位数的控制变量的回归结果，Cenaudit的系数为2.051且在10%的水平上显著。列（3）为加入所有控制变量后的回归结果，Cenaudit的系数为1.893且在10%的水平上显著，这表明组建党委审计委员会可以增强审计权威性，从而促进审计整改质量的提高。

表5-4　　　　　　　　　实证结果

变量	（1）Rectify	（2）Rectify	（3）Rectify
Cenaudit	1.730* （1.975）	2.051* （1.860）	1.893* （1.736）
Gov		40.815* （1.954）	41.177* （1.847）

续表

变量	(1) Rectify	(2) Rectify	(3) Rectify
Open		−0.705 (−1.499)	−0.958* (−1.841)
Lnedu		6.190 (1.394)	3.403 (0.671)
Den		−0.681 (−1.431)	−0.881 (−1.413)
Urban		−80.925 (−1.627)	−90.017* (−1.989)
Wage			1.480 (0.192)
Lnnum			−3.089** (−2.475)
时间固定	Yes	Yes	Yes
省份固定	Yes	Yes	Yes
Cons	1.875*** (6.364)	24.325 (0.877)	68.718** (2.049)
N	185	185	185
R^2	0.049	0.133	0.160
调整后 R^2	0.016	0.078	0.096
F	2.372	1.695	2.601

注：***、**和*分别表示1%、5%和10%的显著性水平；括号内为 t 值；标准误为省份层面的聚类稳健标准误，下同。

5.5 稳健性检验

5.5.1 平行趋势检验

使用DID方法的重要前提是实验组与控制组满足平行趋势假定，即组建党委审计委员会之前审计整改质量保持相对稳定的变动趋势。本章借鉴黄卓等（2024）的研究，设置以下虚拟变量：$Before3$表示十九届党委审计委员会第一次会议召开前的第三年取值为1，否则取值为0，$Before2$表示十九届党委审计委员会第一次会议召开前的第二年取值为1，否则取值为0；考虑到样本时间跨度与多重共线性，将政策发生前一期作为基期对照。$After1$表示十九届党委审计委员会第一次会议召开后的第一年取值为1，否则取值为0，$After2$表示十九届党委审计委员会第一次会议召开后的第二年取值为1，否则取值为0，$After3$表示十九届党委审计委员会第一次会议召开后的第三年取值为1，否则取值为0。

表5-5报告了平行趋势检验结果，$Before3$、$Before2$的回归系数在统计上均不显著，表明党委审计委员会组建之前，处理组与对照组的审计整改质量并无显著差异；$After1$、$After2$、$After3$的回归系数均显著为正，表明在党委审计委员会组建当年及之后，处理组与对照组的审计整改质量有显著差异。这一结果说明通过了平行趋势检验。

表5-5　　　　　　　　平行趋势检验结果

变量	（1） Rectify
$Before3$	−5.740 （−1.662）
$Before2$	−2.412 （−1.398）
$Current$	3.700* （2.016）
$After1$	4.492** （2.100）
$After2$	5.999** （2.224）
$After3$	6.162* （1.938）
控制变量	Yes
时间固定	Yes
省份固定	Yes
$Cons$	76.419** （2.175）

续表

变量	(1) Rectify
N	185
R^2	0.180
调整后 R^2	0.096
F	4.369

5.5.2 安慰剂检验

为了检验组建党委审计委员会对审计整改质量的影响不是由其他随机性因素导致的，本章采用安慰剂检验对组建党委审计委员会效果的偶然性加以识别。参考 La Ferrara 等（2012）、胡洁等（2023）的做法，随机抽样500次构建"伪政策虚拟变量"，并以模型（5-1）重新回归估计，检验其系数和 P 值分布，结果如图5-1所示。组建党委审计委员会对"伪政策虚拟变量"回归系数的均值接近于0且服从正态分布；P 值大多大于0.100且在10%的水平上并不显著。表明组建党委审计委员会对审计整改质量的影响并非其他随机性因素导致，上文得到的结论可靠。

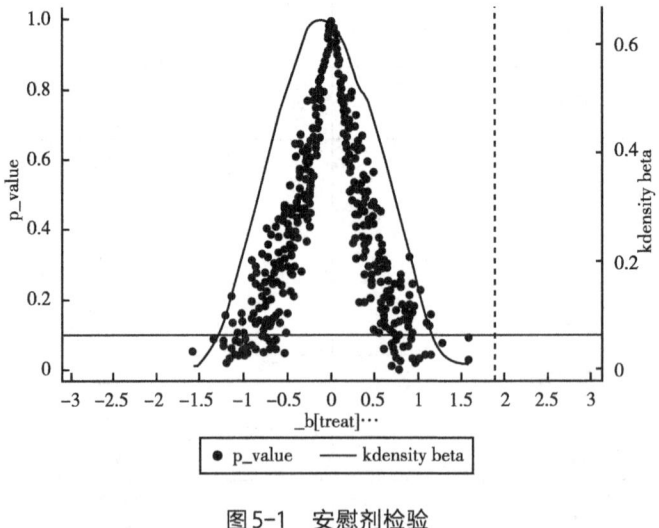

图5-1　安慰剂检验

5.5.3 替换被解释变量

与移送处理落实事项数量一样，移送处理落实人员数量也是情节严重的审计整改情况。本章借鉴周敏李等（2021）、崔雯雯和张立民（2019）的做法，使用"移送处理落实人员数/被审计单位数"重新衡量审计整改质量（$Rectify1$）①，结果见表5-6的列（1）。可以看到列（1）中组建党委审计委员会与审计整改质量的回归系数显著为正，与主回归结果一致，说明假说H5-1具有较强的稳健性。

表5-6　　　　　　　　替换因变量的衡量方式

变量	（1） $Rectify1$
$Cenaudit$	3.486** （2.208）
控制变量	Yes
时间固定	Yes
省份固定	Yes
$Cons$	144.703* （1.756）
N	179
R^2	0.084
调整后R^2	0.012
F	2.072

5.5.4 排除其他审计管理体制改革的影响

考虑到2015年《框架意见》提出江苏、浙江、山东、广东、重庆、贵州和云南等7个省市开展省以下审计机关人财物试点改革，可能会影响组建

---

① 由于《中国审计年鉴》公布的"移送处理落实人员"相关数据缺失2016年吉林省、上海市和西藏自治区的数据，2017年海南省和西藏自治区的数据以及2018年北京市和西藏自治区的数据，因此最终得到的样本数为179。

党委审计委员会对审计整改质量的治理效应，为此，本章将这7个试点改革省市的样本数据剔除，并利用模型（5-1）进行回归分析。

回归结果如表5-7所示，列（1）是因变量为$Rectify$的回归结果，$Cenaudit$的回归系数为2.242且在10%的水平上显著，表明结论有较强的稳健性；列（2）是因变量为$Rectify1$的回归结果，$Cenaudit$的回归系数为3.923且在10%的水平上显著，再次表明本章的研究结论可靠。

表5-7　　　　　排除其他审计管理体制改革政策的影响

变量	（1） $Rectify$	（2） $Rectify1$
$Cenaudit$	2.242* （1.808）	3.923* （1.784）
控制变量	Yes	Yes
时间固定	Yes	Yes
省份固定	Yes	Yes
$Cons$	60.452 （1.442）	137.759 （1.691）
N	143	137
R^2	0.160	0.122
调整后R^2	0.075	0.029
F	1.998	2.747

5.5.5　改变样本区间

考虑到本章利用多期DID模型进行基准回归，且中央审计委员会最先组建于2018年，故以此为基准将研究样本选取时间提前一年，利用2017—2021年的数据进行回归分析。

回归结果如表5-8所示。列（1）是因变量为$Rectify$的回归结果，$Cenaudit$的回归系数为2.756且在10%的水平上显著，这说明在改变样本选择区间后，研究结论依然保持不变。列（2）为因变量是$Rectify1$的回归结果①，Cenaudit 的回归系数为 5.059 且在 5% 的水平上显著，研究结论依旧稳健。

表 5-8　　　　　　　　改变样本区间的稳健性检验结果

变量	（1） Rectify	（2） Rectify1
Cenaudit	2.756* （1.919）	5.059** （2.199）
控制变量	Yes	Yes
时间固定	Yes	Yes
省份固定	Yes	Yes
Cons	116.100** （2.080）	178.672 （1.597）
N	155	151
R^2	0.203	0.101
调整后 R^2	0.136	0.022
F	4.371	1.727

5.5.6　Bootstrap 抽样法

由于本章使用的省级层面的样本量相对有限，为了排除因样本选择而产生的误差，保证研究结论的稳健性，本章借鉴李志斌等（2022）的做法，对所得结果进行 Bootstrap 稳健性检验。运用 Bootstrap 方法对原始样本进行可放回的重复抽样，依据抽出的样本得到待估统计量（邹薇、金婉舒，2022），本章重复上述操作 100 次。

表 5-9 的回归结果表明，Bootstrap 下的估计结果与主回归结果基本一致，影响更加显著，表明假说 H5-1 具有较强的稳健性，即组建党委审计委员会对审计整改质量的提升具有显著正向影响。

---

① 由于《中国审计年鉴》公布的"移送处理落实人员"相关数据缺失 2016 年吉林省、上海市和西藏自治区的数据，2017 年海南省和西藏自治区的数据以及 2018 年北京市和西藏自治区的数据，因此这部分回归的样本数为 151。

表5-9　　　　　　　基于Bootstrap的稳健性检验结果

变量	(1) Rectify	(2) Rectify1
Cenaudit	1.893* (1.827)	3.486* (1.750)
控制变量	YES	YES
时间固定	YES	YES
省份固定	YES	YES
Cons	68.718* (1.843)	144.703 (1.456)
N	185	179.000
调整后R^2	0.096	0.012

5.6　进一步研究

5.6.1　机制检验

(1)政府及主管部门部署和督促的态度。

本章在理论分析中提到，改善政府及主管部门部署和督促的态度是组建党委审计委员会提升审计整改质量的重要机制。因此，本章在进一步分析中将验证这一重要机制。政府及主管部门部署和督促被审计单位落实审计整改、公开整改情况的态度，可以从其对财政信息公开的意愿来进行考察。

其一，从国际实践来看，政府及部门如何公开部署和督促审计整改的情况是预算透明度的重要内容。国际预算合作组织（简称IBP）一般每两年开展一次开放预算调查（简称OBS），对各国中央政府的预算透明度进行评价，该项调查中的调查问题就包括对各国行政部门向社会公众公开部署、督促审计整改有关情况[①]。

---

① 例如，IBP在2015年、2017年、2019年连续开展的开放预算调查（OBS）中，都设置了这一调查问题：Does the executive make available to the public a report on what steps it has taken to address audit recommendations or findings that indicate a need for remedial action?

其二，从财政信息及其公开的内涵来看，财政透明度包括政府及部门对部署和督促预算执行审计查出主要问题进行公开的态度。由于财政透明度反映的就是政府及部门对预算信息的主动公开的信息完整程度和详细程度，以及各部门依申请公开表现出的责任心和态度（邓淑莲等，2011；吕凯波等，2017；邓淑莲等，2018），可见财政透明度本身就是政府及部门对待财政信息公开（包括主动公开和依申请公开）的态度，自然包括政府及部门对待将"部署和督促预算执行审计查出主要问题"进行公开的态度。

其三，从政府及主管部门在落实整改的职责来看，将"部署和督促审计整改"情况进行公开的态度，是政府及主管部门部署和督促审计整改的态度的重要体现。政府及主管部门将"部署和督促审计整改工作"情况向社会公开，已经成为人们关注财政透明度的一个新视角。从具体案例来看，江西省政府公开了如何召开常务会议研究部署审计整改工作这一情况[①]。再如，广东省财政厅[②]、安徽省财政厅[③]主动公开了预算执行审计的整改情况，其中包括如何督促各预算单位做好审计整改的内容。

中国人民大学财税研究所发布的《中国各地区财政发展指数报告（2022）》[④]将清华大学的《中国市级政府财政透明度研究报告》中本省各地级市财政透明度得分的均值作为该省的财政透明度得分，本章借鉴这一做法，使用各省地级市得分均值来衡量政府部署和督促审计整改工作的态度。得分越高，意味着政府及主管部门部署和督促审计整改工作的态度越好。

因此，本章借鉴石桂峰（2022）、黄俊等（2023）的做法，使用分组回归的方式来进行机制检验。具体来看，本章将全样本分为政府及主管部门部署和督促整改态度较好和较差的两组样本，进行分组回归。本章预测，如果在上一年政府及主管部门部署和督促整改态度较差的一组中，组建党委

---

① http://www.jiangxi.gov.cn/art/2023/9/2/art_5389_4586876.html.
② 《广东省财政厅对审计查出问题整改情况的报告》（2017年度），详见http://czt.gd.gov.cn/attachment/0/2/2168/181959.pdf.
③ 《安徽省财政厅2021年度省级预算执行审计整改情况》，详见http://czt.ah.gov.cn/public/7041/146950811.html.
④ 详见该报告的第144页，链接为：http://ipft.ruc.edu.cn/yjcg/zgcsfzbg/f73959a07bfd460d96552bcddf774231.htm.

审计委员会对审计整改质量的提升效应更显著，这可以间接说明组建党委审计委员会可以通过改善政府及主管部门部署和督促整改态度来提升审计整改质量。

由表5-10的回归结果可以看出，列（1）中的回归系数显著为正，这意味着组建党委审计委员会提升审计整改质量的效果在政府及主管部门部署和督促整改态度较差的情况下更为显著，也间接说明了组建党委审计委员会可以通过改善政府及主管部门部署和督促整改态度来提升审计整改质量。

表5-10　政府及主管部门部署和督促整改态度的机制检验

变量	（1）部署和督促整改态度较差 Rectify	（2）部署和督促整改态度较好 Rectify
Cenaudit	1.703* （1.993）	0.718 （0.355）
组间系数差异检验	P=0.000	
控制变量	YES	YES
时间固定	YES	YES
省份固定	YES	YES
Cons	64.092 （1.648）	60.983 （1.306）
N	93	92
R^2	0.408	0.546
调整后R^2	0.319	0.471
F	2.484	2.810

（2）被审计单位落实整改的决心。

行政管理支出过高一直是行政事业单位存在的突出问题。尽管行政管理费用是维持国家行政机关运转的必要支出，但其仍属于"虚耗性支出"（马光荣、张玲，2022）。落实好审计整改工作与压减一般性经费支出，是当前行政事业单位（被审计单位）面临的两大任务，因此可以从压减一般性经费支出的落实情况这一角度间接衡量行政事业单位（被审计单位）的整改决心。本章采用"行政管理支出占比"这一变量间接衡量被审计单位整改决心。

本章将全样本分为落实整改的决心较弱和较强两组样本,进行分组回归。本章预测,如果在上一年被审计单位落实整改的决心较弱(行政管理支出占比较高)的一组中,组建党委审计委员会对审计整改质量的提升效应更显著,这可以间接说明组建党委审计委员会可以通过增强被审计单位落实整改的决心来提升审计整改质量。

由表5-11的回归结果可以看出,列(1)中的回归系数为5.924且在5%的水平上显著,列(2)的回归系数不显著,且通过了组间系数差异检验,这意味着组建党委审计委员会提升审计整改质量的效果在被审计单位落实整改决心较弱(行政管理支出占比较高)的情况下更为显著,也间接说明了组建党委审计委员会可以通过增强被审计单位落实整改的决心来提升审计整改质量。

表5-11　　　　被审计单位整改决心的机制检验

变量	(1)被审计单位落实整改的决心较弱 Rectify	(2)被审计单位落实整改的决心较强 Rectify
Cenaudit	5.924** (2.167)	0.895 (0.975)
组间系数差异检验	P=0.046	
控制变量	YES	YES
时间固定	YES	YES
省份固定	YES	YES
Cons	−20.767 (−0.161)	95.264* (1.885)
N	90	95
R^2	0.298	0.312
调整后R^2	0.177	0.201
F	256.703	122.220

5.6.2 异质性分析

在审计整改涉及的诸多主体中，人大和审计机关是重要的外部监督主体，因此有必要结合这两大外部监督主体的特征开展异质性分析。

（1）人大需求。

根据《中华人民共和国审计法》规定，政府应当向本级人民代表大会常务委员会提出审计工作报告，还应当将审计工作报告中指出的问题整改情况和处理结果向本级人民代表大会常务委员会报告（简称"审计整改工作报告"）。可见，人大对审计情况及审计整改情况有着很强的需求。自上而下的强制性制度变迁属于供给主导型的制度变迁，因此有必要研究在不同的人大需求下，组建党委审计委员会对审计整改质量的提升效应是否有所差异。

一方面，人大对审计的需求往往代表了人民群众的利益诉求，人大需求可以促进党委审计委员会统筹协调审计整改工作，提升审计整改的质量和效果。另一方面，当人大代表对审计整改有较高的需求时，可以通过提出审计建议、要求加强审计工作等方式实现监督和改进，从而推动审计整改工作的进行。因此，本章预期在人大需求较强时，组建党委审计委员会对审计整改质量的提升效应会更显著。

本章借鉴叶子荣、马东山（2012）的做法，使用财政支出占财政收入的比重作为人大对审计需求的测度指标。根据人大需求的中位数，分人大需求较弱和较强两组样本进行回归，如果回归结果大于中位数，则表明人大需求较强；如果回归结果小于中位数，则表明人大需求较弱。

在表5-12中，列（1）为人大需求较弱时的回归结果，Cenaudit 的系数不显著；列（2）为人大需求较强时的回归结果，Cenaudit 的系数为4.844且在10%的水平上显著为正，且通过了组间系数差异检验，这表明组建党委审计委员会对审计整改质量的提升作用在人大需求较强的地区更为显著。

表5-12 人大需求的异质性分析

变量	（1）人大需求较弱 Rectify	（2）人大需求较强 Rectify
Cenaudit	0.564 （0.516）	4.844* （1.760）
组间系数差异检验	P=0.000	
控制变量	YES	YES
时间固定	YES	YES
省份固定	YES	YES
Cons	21.523 （0.523）	63.975 （1.012）
N	93	92
R^2	0.144	0.542
调整后R^2	0.015	0.466
F	1332.773	1.805

（2）审计机关信息化建设水平。

侯凯审计长在审计署2020年度集中整训时的专题党课上提到，审计监督的"权威性"首先来自党中央的亲自指挥和坚强领导，但审计监督不能仅依靠政治权威和制度权威，不能以势压人、以权力吓唬人，而是要以精湛的专业能力获得社会各界的尊重和认可。在数字化时代，信息化建设水平是审计机关专业能力的重要体现。审计信息化建设通过构建数字化审计平台和网络信息共享机制增强了国家审计监督效力，有利于提高审计监督质量（郭檬楠等，2023b）。

在不同的审计机关信息化建设水平下，组建党委审计委员会对审计整改质量的提升效应可能有所差异。对信息化建设水平较好的审计机关而言，可以更好地依赖信息化手段将党委审计委员会提出的整改监督责任落实到位，提升督促审计整改工作的效率，从而提升审计整改质量。因此，本章预期在审计机关信息化建设水平较高时，组建党委审计委员会对审计整改质量的提升效应会更显著。

本章借鉴上官泽明和白玮东（2023）的做法，采用各省审计机关的信息化建设项目支出与一般公共服务项目支出的比值衡量审计机关的信息化建设水平，相关数据通过各地审计厅年度部门决算报告手动收集①。

从表5-13的回归结果可以看出，在审计机关信息化建设水平较差时，组建党委审计委员会与审计整改质量的回归系数不显著；而审计机关信息化建设水平较高时，$Cenaudit$的系数为2.910且在10%的水平上显著为正，且通过了组间系数差异检验。这表明在审计机关信息化建设水平较好的地区，组建党委审计委员会对审计整改质量的提升效应更显著。

表5-13　审计机关信息化建设水平的异质性分析

变量	(1)审计信息化建设水平较低 Rectify	(2)审计信息化建设水平较高 Rectify
$Cenaudit$	−0.290 (−0.621)	2.910* (1.927)
组间系数差异检验	P=0.000	
控制变量	YES	YES
时间固定	YES	YES
省份固定	YES	YES
Cons	84.028** (2.092)	148.817 (1.490)
N	75	73
R^2	0.486	0.268
调整后R^2	0.377	0.107
F	23.238	1663.030

5.7　本章小结

以往，审计发现问题"屡审屡犯"的一个重要原因是审计机关的权威性不足或权威性组织介入力度不够，而组建党委审计委员会则会提升审计

---

① 由于部分地区审计厅年度部门决算报告披露的信息不全面，本章最终得到148个样本观测值。

监督的权威性。本章选取2016—2021年省级面板数据，研究组建党委审计委员会对审计整改质量的影响效应、作用机制和情境差异。研究发现，组建党委审计委员会可以有效提升审计整改质量，表明"自上而下"的强制性制度变迁可以促进审计整改质量的提升；基于增加落实审计整改压力的视角研究发现，改善政府及主管部门部署和督促审计整改的态度、增强被审计单位落实整改的决心是组建党委审计委员会促进审计整改质量提升的重要机制；异质性分析发现，在人大需求较强、审计机关信息化建设水平较高时，组建党委审计委员会对审计整改质量的提升效应更为显著。

基于以上研究结论，本章得出以下政策启示：

（1）地方党委审计委员会要将做好审计整改"下半篇文章"放在重要位置。各级党委审计委员会要认真贯彻落实中央审计委员会关于审计整改的要求，按照《关于加强地方党委审计委员会工作的指导意见》《关于建立健全审计查出问题整改长效机制的意见》《省级党委审计委员会重大事项请示报告实施办法》的要求，充分认识做好审计整改"下半篇文章"的重要意义，明确抓好审计整改是构建集中统一、全面覆盖、权威高效的审计监督体系的必然要求。

（2）地方党委审计委员会要通过顶层设计建立健全审计整改工作机制。党委审计委员会要把审计整改列为审计监督重大事项，要求政府做好审计整改的部署和督查工作，要求主管部门认真督促被审计单位落实审计整改，要求被审计单位落实审计整改第一责任人的职责。对于审计发现问题情节严重的审计整改情况，要求审计与组织人事、纪检监察、公安以及有关主管单位加强协调配合，优化审计与相关部门案件线索移送与协同调查办案工作程序。

第6章

诱致性制度变迁与审计整改质量：基于社会公众诉求的视角

6.1 研究缘起

制度变迁理论涉及两种不同的变迁路径：一种是前文提到的由权力部门"自上而下"推动的强制性制度变迁；另一种是由社会公众"自下而上"推动的诱致性制度变迁。诱致性制度变迁的行动主体是公众，其核心在于通过参与式治理、政治性吸纳的方式激发公众主动参与政府治理的内生动力，从而构建完整的治理结构（林毅夫，1994）。审计整改落实很大程度上直接或间接依赖其他主体的压力，其中，来自被审计单位上级单位的压力最为直接，而人民的压力最为根本（钱弘道、谢天予，2019）。

新时代以来，社会公众的民主意识随政治制度的民主化发展而增强，社会公众对政府审计的诉求不断增多，这使诱致性制度变迁的可执行度提升。公众诉求倒逼政府部门有所作为，为诱致性制度变迁的发生提供重要的保障和支撑。此时，公众成为影响审计整改质量的一大主体，健全公众诉求机制、拓宽公众参与审计整改渠道显得尤为重要。如果被审计单位不按要求落实整改，不仅会受到上级部门或主管部门的批评或惩罚，也会受到社会公众特别是网民的质疑和责备。考虑到在社会公众心目中的威望会降低、形象会受损，被审计单位会依据审计提出的建议和意见积极整改。

在此背景下，研究公众诉求对审计整改质量的影响显得尤为必要。

为此，本章采用2012—2021年中国31个省份的面板数据，实证研究公众诉求对审计整改质量的影响。本章可能的贡献和创新主要体现在以下两个方面：第一，基于公众诉求视角研究审计整改质量的影响因素，拓宽了国家审计领域的制度变迁理论研究。已有文献关注到了公众集聚度对国家审计力度的影响（王芳、彭超然，2015；刘晓红，2018），公众参与程度对国家审计腐败治理效果的影响（郭芮佳等，2018），但并未关注到公众诉求对审计整改质量的影响，本章的研究表明"自下而上"的诱致性制度变迁可以促进审计整改质量的提升。第二，揭示了公众诉求提升审计整改质量的作用机制。本章揭示了公众诉求通过影响被审计单位落实整改的压力提升审计整改质量的机制，提供了社会公众在公共事务中发挥作用的经验证据，为如何借助公众诉求进而提升审计整改质量提供有益借鉴。

6.2 理论分析与研究假说

制度变迁理论涉及两种不同的变迁路径：一种是由权力部门"自上而下"推动的强制性制度变迁；另一种是由社会公众"自下而上"推动的诱致性制度变迁（林毅夫，1994）。其中，诱致性制度变迁是指个体或群体基于内生动力，自发倡导和组织的自下而上的制度变迁（谢治菊，2019）。如果说权力部门推动的制度变迁刚性较大的话，那么社会公众主导的制度变迁则是以柔性引导为主。社会公众对基层需求的感知大于权力部门，能够及时捕捉到来自微观主体的需求，从而展开与需求侧相适应的制度创新（张兴祥、庄雅娟，2017）。

在国家审计领域，曾经先后出台了一系列的法律法规来促进和规范审计整改。例如，2014年出台的《国务院关于加强审计工作的意见》（国发〔2014〕48号）就明确了被审计单位的责任，其中，被审计单位的主要负责人是整改的第一责任人，整改结果在书面告知审计机关的同时，要向同级政府或主管部门报告，并向社会公告。2021年7月，中共中央办公厅、国务院办公厅印发的《关于建立健全审计查出问题整改长效机制的意见》，也再次明确了被审计单位等主体的职责。

在强制性制度变迁的约束下，审计整改工作的规范性取得了很大进展，但仍然存在一些"屡审屡犯""改而又犯"的现象。随着民主意识的提高和民主权利的扩大，人们会更多地关注到审计整改质量，会将压力传导至被审计单位及其主要负责人，特别是会将压力传导至整改进展缓慢或者整改问题严重的被审计单位及其负责人。理论分析框架如图6-1所示。

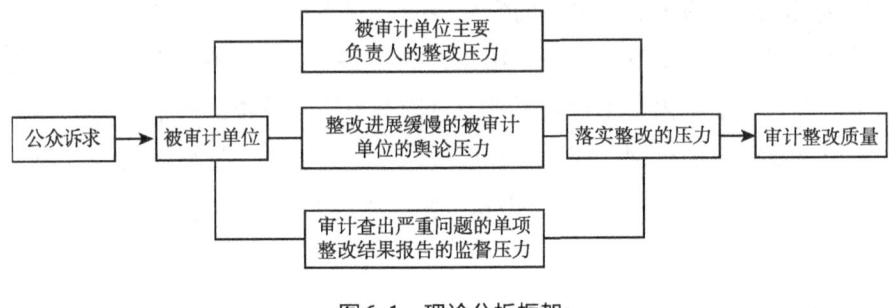

图6-1 理论分析框架

"压力——状态——响应"（Pressure-State-Response，PSR）框架模型最早出现在环境质量评价领域，被用于对常规的区域生态环境进行监测和评价。近年来，PSR模型已经从环境质量评价领域延伸到了其他领域。基于PSR模型框架的理念来看，在审计整改领域中，公众诉求本身就属于一种压力行为（P），公众对于审计整改的需求、期望以及对整改质量的关注程度等都会是被审计单位的压力来源。状态（S）则是指面对公众诉求所反映问题时，被审计单位在感受到公众诉求后会呈现出的"压力山大"状态。响应（R）则体现为，被审计单位受到公众诉求影响后会做出的响应，表现为对审计问题如何进行整改，以及整改效果如何反馈或公开。总的来说，公众诉求这一压力来源（P）会影响公众对审计整改持有的态度或认识的状态（S），进而影响被审计单位的响应行为（R）。具体来看：

第一，社会公众会增强被审计单位主要负责人的整改压力。整改落实审计发现的问题及建议是一个系统化的过程，真正执行整改的主体是被审计单位（王扬，2020），而被审计单位的主要负责人则是整改第一责任人，也是第一压力承担人。当社会公众诉求较少时，对被审计单位主要负责人施加的整改压力也相对较低。互联网的快速发展和普遍应用降低了网民对各类信息的搜寻成本（孙浦阳等，2017），通过对被审计单位的门户网站信息的关注，社会公众可以了解到被审计单位的主要负责人是否及时研究本单位审计整改工作的落实方式，是否亲自抓审计整改落实，并在网络平台发表自己对被审计单位主要负责人就审计整改落实的看法，进而给被审计单位主要负责人"施加"一定的压力，促使其更加重视审计整改工作的落实。

第二，社会公众会对整改进展缓慢的被审计单位造成较大的舆论压力。由于被审计单位存在侥幸心理或机会主义倾向，往往在向本级政府或主管部门报告审计整改情况之后，很少向社会进行公告。社会公众通过主动申请或依申请公开的方式，既可以了解被审计单位的整改责任分解、整改措施和整改期限，也可以向被审计单位了解整改结果的书面资料是否向审计机关报送，何时向社会公开以及公开的程度如何；还可以向审计机关获悉是否收到目标单位的整改结果书面资料，进一步了解被审计单位整改结果是否到位，以及其是否采取相应的跟踪检查以验证审计整改的有效性与真实性，这些举措将加大被审计单位审计整改的压力，促使其更加积极、主动地进行整改，确保审计问题得到有效解决。

第三，社会公众会对审计查出严重问题的被审计单位提交的单项整改结果报告形成监督压力。政府每年向人大作审计查出问题整改情况报告的同时，审计查出严重问题的被审计单位需要提交单项整改结果作为报告附件提交审议，但其却不愿意主动直接向社会公开。"审计风暴""网络问政"等新兴事物的兴起使社会公众参与审计监督的意愿越来越强烈（王祯昌、闫泽滢，2012）。社会公众会在审计整改情况报告的时间节点，关注互联网平台披露的单项整改结果，了解涉及审计查出严重问题的被审计单位，以及这些单位进行审计整改的方式，并在互联网上发表对这些单位整改效果的评价，通过增加关注度、施加舆论压力的方式推动被审计单位积极履行审计整改责任。

结合前述分析，本章提出以下假说：

H6-1：在其他条件不变的情况下，公众对审计整改的诉求越强烈，审计整改质量越高。

6.3 研究设计

6.3.1 样本选择与数据来源

本章选取2012—2021年中国31个省、自治区和直辖市（以下统一简称"省份"）的面板数据。其中，公众诉求的数据来源于百度指数，审计整改质量以及相关的审计数据源于《中国审计年鉴》，控制变量的数据来源于《中国财政年鉴》《中国统计年鉴》等。需要说明的是，由于百度指数是从2012年启用，本章的样本起始年度为2012年；而2023年9月出版的《中国审计年鉴（2022）》统计的是审计机关2021年的数据，因此本章的样本区间为2012—2021年。由于对"公众诉求"这一变量进行滞后一期处理，且2013年的西藏自治区缺失数据，最终确定的样本数为278。本章还对连续型的变量进行了1%和99%的缩尾处理，以减少异常数据对于分析回归的影响，实证部分用Stata16.0进行分析处理。

6.3.2 研究变量的选取

（1）被解释变量。

审计整改质量（$Rectify$）。《中国审计年鉴》用"审计促进整改落实有关问题资金"这一指标介绍审计整改情况。本章借鉴池国华等（2018）、武恒光等（2019）、喻开志等（2020）的做法，使用"审计促进有关问题金额的已落实情况"衡量审计整改质量，具体包括已上缴财政、已减少财政拨款或补贴、已归还原渠道资金和已调账处理金额，本章对以上金额的汇总数取自然对数，作为衡量审计整改质量（$Rectify$）的指标。

（2）解释变量。

公众诉求（Pub）。随着信息技术的发展普及，社会公众往往会在互联网上搜索和查找自己关注的现象，向各地方政府表达自身对审计整改质量的意愿与诉求。本章借鉴已有文献的做法（朱颖等，2018；上官泽明等，2020），使用特定关键词的百度指数衡量公众诉求。通过搜索发现，目前与审计整改相关的关键词包括"审计整改报告"和"审计整改情况报告"。其中"审计整改报告"这一关键词的搜索量较多，样本较全，一定程度上更具代表性，因此在基础回归中使用"审计整改报告"关键词百度指数[①]的对数作为公众诉求的衡量指标；而"审计整改情况报告"这一关键词的搜索量较少，在某些年份和地区的搜索量更是为0，因此，在稳健性检验中，使用"审计整改报告"和"审计整改情况报告"百度指数之和的对数作为公众诉求的另一代理变量。考虑到当年的公众诉求往往对下一年的审计整改质量产生影响，本章借鉴朱颖等（2018）、包国宪和关斌（2019）的做法，将滞后一期的公众诉求作为核心解释变量。该指标数值越大，表示公众对审计整改质量的诉求越强烈。

（3）控制变量。

本章借鉴池国华等（2018）、李青原和赵兴（2023）、卢盛峰和洪靖婷（2023）等的做法，选取下列控制变量：

①经济发展水平（Gdp）。经济发展水平越高的地区，财政收支规模也越大，审计整改涉及的资金额度越多。本章借鉴王军等（2023）的做法，使用各省地区生产总值来衡量经济发展水平。

②教育水平（$Lnedu$）。地区教育水平高低会影响当地公务人员的素质，也会影响审计整改主体的态度和行为。本章使用普通高等学校在校学生数取自然对数来测度教育水平。

③人口密度（Den）。人口密度大的地区，对审计问题的关注度相对较高，进而影响审计整改质量。本章使用各省年末常住人口/各省行政区域面积衡量人口密度。

④正式制度环境（FS）。法律法规等正式制度能够影响政府各部门按照要求履行各自的整改责任。本章借鉴李青原和赵兴（2023）的做法，使用王小鲁等（2021）的市场化指数的子指标"市场中介组织的发育与法治环境"的得分来衡量正式制度环境。

⑤信息技术水平（Int）。高水平的信息技术有助于审计人员高效发现问

[①] 通过"百度指数"查找从当年1月1日至12月31日在"PC端+移动端"对某一关键词进行搜索的整体日均值。

题，提高整改效率，进而对审计整改质量产生影响。本章借鉴卢盛峰和洪靖婷（2023）的做法，使用互联网宽带接入用户数与常住人口数之比来衡量信息技术水平。

⑥审计人员相对工资（$Wage$）。审计人员的相对工资待遇能够反映审计人员享受的物质激励，工资待遇提升会提高审计人员工作积极性，对审计整改质量产生影响。本章使用公共管理和社会组织的平均工资与该地区平均工资之比来衡量审计人员的相对工资待遇。

⑦被审计单位数（$Lnnum$）。被审计单位数量越多，审计发现和揭示问题的数量可能越多，涉及审计整改金额和相关事项可能也就越多。本章对"被审计单位数+1"取自然对数。

⑧审计机关人员数（Aud）。审计机关人员数越多，审计发现的问题和质量可能就越高。本章借鉴余应敏等（2018）、吴秋生等（2016）的做法，使用审计机关人员数来衡量。

变量的具体情况如表6-1所示。

表6-1　　　　　　　　变量的具体情况

变量名称	变量符号	变量定义和说明
审计整改质量	Rectify	已上缴财政、已减少财政拨款或补贴、已归还原渠道资金、已调账处理金额之和取自然对数
公众诉求	L.Pub	"审计整改报告"这一关键词的百度指数 取自然对数的滞后一期
经济发展水平	Gdp	各省的地区生产总值
教育水平	Lnedu	普通高等学校在校学生数取自然对数
人口密度	Den	各省年末常住人口/各省行政区域面积
正式制度环境	FS	市场化指数子指标 "市场中介组织的发育与法治环境"的得分
信息技术水平	Int	互联网宽带接入用户数/年末常住人口数
审计人员相对工资	Wage	公共管理和社会组织的平均工资/该地区平均工资
被审计单位数	Lnnum	"被审计单位数+1"的自然对数
审计机关人员数	Aud	审计机关人员数

6.3.3 实证模型的设计

基于前文的研究假说，本章构造模型（6-1）进行实证检验。其中，$Rectify_{i,t}$表示i省份t时期的审计整改质量；$Pub_{i,t-1}$代表i省份$t-1$时期的公众诉求，$Controls_{i,t}$代表影响审计整改质量的经济发展水平、教育水平、人口密度、审计人员相对工资、被审计单位数等其他因素；γ_i和δ_t分别代表个体效应和时间效应。为剔除极端值的影响，对所有连续型变量进行1%的缩尾处理。模型还对标准误进行省份层面的聚类处理。

$$Rectify_{i,t} = \alpha_0 + \alpha_1 Pub_{i,t-1} + \sum \alpha_i Controls_{i,t} + \gamma_i + \delta_t + \varepsilon_{i,t} \quad (6-1)$$

6.4 实证分析

6.4.1 描述性统计分析

各主要变量的描述性统计结果如表6-2所示。其中审计整改质量（$Rectify$）的最大值为16.038，最小值为10.129，这表明我国各省之间的审计整改质量存在较大差异。公众诉求（$L.Pub$）的均值为2.855，最小值为0.000，最大值为4.143，表明各省之间的公众诉求仍存在一定差距。其他控制变量的分布均在正常范围内。

表6-2　　　　　　　　描述性统计结果

变量	样本量	均值	标准差	最小值	最大值
$Rectify$	278	14.046	1.232	10.129	16.038
$L.Pub$	278	2.855	0.786	0.000	4.143
Gdp	278	2.713	2.257	0.104	10.799
$Lnedu$	278	4.231	0.933	1.230	5.493
Den	278	10.569	16.302	0.028	82.190
FS	278	8.125	4.834	0.120	19.110
Int	278	0.247	0.098	0.069	0.454

续表

变量	样本量	均值	标准差	最小值	最大值
Wage	278	1.077	0.152	0.801	1.510
Lnnum	278	7.940	0.946	4.844	9.420
Aud	278	251.691	127.444	101.000	957.000

6.4.2 实证结果分析

实证结果如表6-3所示。列(1)为采用OLS模型进行回归的结果，L.Pub的系数为0.371且在10%水平上显著为正，初步验证了所提假说的成立，表明公众诉求能提升审计整改质量。列(2)和列(3)均采用固定效应模型进行回归，其中，列(2)至列(3)分别为仅加入不含审计人员相对工资、被审计单位数及审计机关人员数等控制变量的回归结果，以及加入所有控制变量后的回归结果，L.Pub的系数均在5%的水平上显著。在列(3)中，L.Pub的系数为0.498且在5%的水平上显著，这验证了假说H6-1，即公众诉求越高，越能提升审计整改质量，表明公众诉求带来的压力可以成为审计整改质量提升的动力。

表6-3　　　　　　　　　　实证结果

变量	(1) Rectify	(2) Rectify	(3) Rectify
L.Pub	0.371* (1.905)	0.502** (2.049)	0.498** (2.247)
Gdp		−0.187 (−1.576)	−0.138 (−1.004)
Lnedu		−0.245 (−0.458)	0.608 (0.804)
Den		−0.011 (−0.161)	−0.017 (−0.275)
FS		−0.062** (−2.551)	−0.059** (−2.125)
Int		−2.127 (−1.067)	−1.593 (−0.899)

续表

变量	(1) Rectify	(2) Rectify	(3) Rectify
Wage			0.385 (0.480)
Lnnum			0.671* (1.966)
Aud			−0.001 (−1.220)
时间固定	YES	YES	YES
省份固定	YES	YES	YES
Cons	12.482*** (17.320)	16.361*** (6.453)	6.829 (1.226)
N	278	278	278
R^2	0.806	0.204	0.241
调整后R^2	0.774	0.162	0.192
F	29.096	10.435	7.743

注：***、**和*分别表示1%、5%和10%的显著性水平；括号内为t值；标准误为省份层面的聚类稳健标准误，下同。

6.5 稳健性检验

6.5.1 替换变量

（1）替换因变量。

由于不同地区的被审计单位数往往存在着差异，本章借鉴已有文献的做法（潘俊等，2019；张琦、孙旭鹏，2021；周敏李等，2021），以消除各地区被审计单位数的差异造成的影响，使用"（已上缴财政资金+已减少财政拨款或补贴+已归还原渠道资金+已调账处理金额）/被审计单位数"这一相对值重新衡量审计整改质量（Rectify1），结果见表6-4的列（1）。可以看到，列（1）中公众诉求与审计整改质量的回归系数显著为正，与主回归结果一致，说明假说H6-1具有较强的稳健性。

（2）替换自变量。

我们在对百度指数的关键词进行检索时，发现"审计整改情况报告"这一关键词的搜索量较少，在某些年份和地区的搜索量更是为0，因此，本章使用"审计整改报告"与"审计整改情况报告"关键词的百度指数之和的自然对数，并做滞后一期处理，重新衡量公众诉求（$L.Pub1$），将其带入模型（1）进行回归。结果见表6-4的列（2），$L.Pub1$的回归系数显著为正，与主回归结果一致，说明假说H6-1具有较强的稳健性。

表6-4 替换自变量的实证结果

变量	（1） $Rectify1$	（2） $Rectify$
$L.Pub$	5.167** （2.533）	
$L.Pub1$		0.431* （1.914）
控制变量	YES	YES
时间固定	YES	YES
省份固定	YES	YES
$Cons$	107.499** （2.433）	6.911 （1.233）
N	278	278
R^2	0.297	0.238
调整后R^2	0.251	0.188
F	3.428	7.518

6.5.2 Heckman两阶段模型

本章使用Heckman两阶段模型解决可能存在的内生性问题。在第一阶段，按照中位数标准设置公众诉求虚拟变量（$L.Pub\_dum$）作为Heckman第一阶段回归的因变量，并使用Probit估计方程计算逆米尔斯利率（IMR）。

Heckman第一阶段模型需要一个外生变量,即会影响公众诉求但并不会影响审计整改质量的变量。移动互联网的普及和发展使更多用户通过移动设备访问互联网,公众诉求的表达和传递方式发生了显著变化。过去公众诉求的表达主要依赖于传统媒体,如报纸、电视和广播等。移动互联网的普及使公众更加便捷地通过网络平台表达自己的诉求和意见,吸引更多人的关注和参与,从而增强公众诉求的影响力。

考虑到移动互联网发展与公众诉求之间存在密切的关系,并且移动互联网发展与审计整改质量间不存在直接关联,具有外生性。因此,本部分在第一阶段的回归中,将"移动互联网发展"作为公众诉求的影响因素进行控制。具体而言,本章使用"移动互联网用户数(万户)的自然对数"来衡量"移动互联网发展(*DIM*)",该数据来源于《中国统计年鉴》,由于"移动互联网用户数"数据于2014年开始公布,因此该部分样本量为248。

表6-5报告了Heckman第一阶段和第二阶段的回归结果。第一阶段回归中,公众诉求受到"移动互联网发展(*DIM*)"的影响,在5%水平上显著正相关。第二阶段的模型是在模型(6-1)的基础上加入逆米尔斯利率(IMR)进行回归,第二阶段回归结果显示,在控制了样本选择偏差问题后,公众诉求与审计整改质量之间仍然存在显著正相关关系。

表6-5 使用Heckman两阶段缓解内生性问题的检验结果

(1)第一阶段		(2)第二阶段	
变量	L.Pub_dum	变量	*Rectify*
DIM	1.881** (2.236)	L.Pub	0.557*** (2.718)
控制变量	YES	控制变量	YES
		IMR	−0.181* (−1.968)
时间固定	YES	时间固定	YES
省份固定	YES	省份固定	YES
Cons	−19.567*** (−3.288)	*Cons*	14.044** (2.263)

续表

	（1）第一阶段		（2）第二阶段
N	248	N	248
R^2		R^2	0.839
调整R^2（$PseudoR^2$）	0.604	Adj_R^2（$PseudoR^2$）	0.802

6.5.3 工具变量法

为了缓解可能存在的互为因果等内生性问题，本章使用继续工具变量法进行回归。从逻辑上来说，公众在环境领域的诉求能反映出公众对环境问题的主动关注和监督情况，这种诉求也会引申到公众对其他领域的诉求上。例如，会影响公众对审计整改的诉求，这满足了工具变量的相关性要求；同时，公众对环境问题的关注难以直接对审计整改质量产生影响，满足外生性要求。本章借鉴岳利萍和杨欣怡（2024）、董直庆和王辉（2021）、张橦（2018）的做法，以"环境污染"为关键词的百度指数衡量"公众环境诉求"这一工具变量（IV）并做滞后一期处理，使用最小二乘法进行回归。

回归结果如表6-6所示，列（1）为第一阶段的回归结果，工具变量（$L.IV$）的系数显著为正，Kleibergen-Paaprk LM统计量为8.986且在1%的水平上显著，拒绝工具变量识别不足的原假说。Cragg-Donald Wald F值为16.500，大于Stock-Yogo弱识别检验10%的临界值，说明不存在弱工具变量问题，工具变量（$L.IV$）满足与解释变量相关性的要求。

为检验工具变量是否直接对被解释变量产生影响，本章借鉴裴建锁等（2024）、魏浩和涂悦（2024）、李青原等（2023）和铁瑛等（2019）的做法，将工具变量（$L.IV$）纳入基准回归方程，由第（3）列的回归结果可知，工具变量的系数不显著，这说明工具变量并不直接对审计整改质量产生影响，而是通过影响公众诉求进而影响审计整改质量，验证了工具变量的外生性。列（2）为第二阶段的回归结果，公众诉求（$L.Pub$）的系数显著为正，这表明考虑了内生性因素后，公众诉求对审计整改质量依旧呈现正向影响。进一步说明了本章回归结果的可靠性。

表6-6　使用工具变量的回归结果

变量	（1）第一阶段 L.Pub	（2）第二阶段 Rectify	（3）外生性 Rectify
L.Pub		1.188* （1.900）	0.449* （1.812）
L.IV	0.008*** （4.498）		0.006 （1.016）
控制变量	YES	YES	YES
时间固定	YES	YES	YES
省份固定	YES	YES	YES
Kleibergen—Paap Rk LM	Statistic =8.986，P = 0.0027		
Cragg-Donald F	16.500（大于Stock-Yogo检验10%水平的临界值16.380）		
Cons	2.217 （1.405）	8.718 （1.320）	6.619 （1.199）
N	278	278	278
R^2	0.714	0.815	0.245
调整后R^2	0.696	0.777	0.192

6.5.4　Bootstrap抽样法

由于本章使用的省级层面的样本量相对有限，为了排除因样本选择而产生的误差，保证研究结论的稳健性，本章借鉴李志斌等（2022）的做法，对所得结果进行Bootstrap稳健性检验。运用Bootstrap方法对原始样本进行可放回的重复抽样，依据抽出的样本得到待估统计量（邹薇、金婉舒，2022），本章重复上述操作N次（N=100，500，1000）。表6-7的回归结果表明，Bootstrap下的估计结果与主回归结果基本一致，影响更加显著，说明假说H6-1具有较强的稳健性，即公众诉求对于审计整改质量的提升具有显著正向影响。

表 6-7　　　　　　　　基于 Bootstrap 的稳健性检验结果

变量	抽样次数		
	100 次	500 次	1000 次
	Rectify	*Rectify*	*Rectify*
L.Pub	0.498** (2.201)	0.498** (2.324)	0.498** (2.341)
控制变量	YES	YES	YES
时间固定	YES	YES	YES
省份固定	YES	YES	YES
Cons	4.960 (1.088)	4.960 (1.137)	4.960 (1.214)
N	278	278	278
调整后 R^2	0.192	0.192	0.192

6.5.5　考虑遗漏重要变量的影响

考虑到年龄较大的人群很少会通过网络搜索来表达诉求，本章借鉴马胜春等（2014）的做法，使用"（各年龄的组中值 × 各年龄组人数）/人口总数"作为省份平均年龄数（*Ave age*）的衡量指标，将其作为控制变量加入模型（1），结果见表 6-8 中的列（1），*L.Pub* 的系数依然显著为正，这说明在排除省份平均年龄（*Ave age*）产生的影响后，研究结论依然保持不变。列（2）和列（3）分别列示了替换因变量和替换自变量的回归结果。可以看到，考虑了"省份平均年龄"这一控制变量的影响后，研究结论依旧稳健。

表 6-8　　　　　　　考虑遗漏重要变量的检验结果

变量	(1) *Rectify*	(2) *Rectify*1	(3) *Rectify*
L.Pub	0.446** (2.275)	4.952** (2.453)	
L.Pub1			0.373* (1.790)

续表

变量	(1) Rectify	(2) Rectify1	(3) Rectify
Ave age	−0.201* (−1.928)	−0.820 (−0.593)	−0.197* (−1.848)
其他控制变量	YES	YES	YES
时间固定	YES	YES	YES
省份固定	YES	YES	YES
Cons	15.274 (1.693)	130.687 (1.600)	15.230 (1.644)
N	278	278	278
R^2	0.254	0.299	0.250
调整后 R^2	0.202	0.250	0.198
F	9.933	3.657	9.575

6.5.6 考虑时间聚类标准误

考虑到每个省份公共审计的强弱在时间维度上可能具有相关性，参考李青原和章尹赛楠（2021）、秦聪和郭婧（2023）、于文超和王丹（2024）的做法，本章对标准误采用年份——省份维度上的聚类调整，以此得到更加稳健的回归结果。回归结果如表6-9所示。列（1）的结果显示，在基准回归中采用年份——省份层面的聚类标准误是接近显著的；列（2）和列（3）分别列示了替换被解释变量及同时替换被解释变量与解释变量后的结果，可以看到在替换被解释变量的衡量方式以及同时替换变量衡量方式后，采用年份——省份层面聚类标准误的回归结果依旧是稳健的。

表6-9　　　　考虑时间层面标准误聚类的回归结果

变量	(1) Rectify	(2) Rectify1	(3) Rectify1
L.Pub	0.498 (1.815)	5.167* (1.965)	
L.Pub1			4.837* (1.871)

续表

变量	(1) Rectify	(2) Rectify1	(3) Rectify1
控制变量	YES	YES	YES
时间固定	YES	YES	YES
省份固定	YES	YES	YES
N	278	278	278
R^2	0.826	0.545	0.546
调整后R^2	0.789	0.450	0.450

6.6 进一步研究

6.6.1 机制检验

前文在理论分析中提到，增加被审计单位的整改压力是社会公众诉求影响审计整改质量的机制，因此，本章将继续验证这一机制。

对被审计单位而言，由于很难从外部直接观察到公众诉求对其诱发的整改压力，也难以直接对其整改压力进行衡量，因此本章将尝试使用间接方法来分析公众诉求对被审计单位带来的整改压力。实际上，对审计整改情况进行监督是人大预算监督的重要内容，审计整改工作报告本身就是政府向人大作的报告，同时整改过程和情况也会受到社会公众的关注。也就是说，整改情况既会受到来自人大预算监督的压力，也会受到来自社会公众诉求的压力。因此，本章将全样本分为人大预算监督效果较好（意味着来自人大预算监督的压力较大）和较差（意味着来自人大预算监督的压力较小）的两组样本，进行分组回归。本章预测，如果在人大预算监督效果差（意味着来自人大预算监督的压力较小）的一组中，公众诉求对审计整改的提升效应更显著，这可以间接说明公众诉求会通过增强整改压力来提升整改质量。

已有研究认为可以从收入预决算偏离度、其他支出占一般公共预算的比重，来考察人大对政府预算的监督（李一花等，2019）。综合人大预算监督的这两个指标来看，当收入预决算偏离度高、其他支出比重高时，意味着地方人大预算监督较弱（李一花等，2019）。因此，本章也借鉴上述思路，使用收入预决算偏离度（$NPC1$）、其他支出占一般公共预算的比重（$NPC2$）来间接考察人大预算监督。关于一般公共预算收入预决算偏离度（$NPC1$），测算公式为：（本省一般公共预算收入决算数−本省一般公共预算收入预算数）/本省一般公共预算收入预算数。关于其他支出占一般公共预算的比重（$NPC2$），测算公式为：其他支出（决算数）/一般公共预算支出（决算数）。

因此，本章预测，在收入预决算偏离度较大、其他支出占一般公共预算的比重较大（人大预算监督的压力较小）的一组中，公众诉求对审计整改质量的提升效应也更显著；这可以间接说明公众诉求会增强整改压力来提升整改质量。本章借鉴刘梦宁和刘运国（2022）、石桂峰（2022）、黄俊等（2023）的做法，使用分组回归的方式来进行机制检验；从表6-10的回归结果可以看出，列（2）、列（4）中的回归系数显著为正，意味着公众诉求提升审计整改质量的效果在收入预算偏离度高、其他支出占比较高（即人大预算监督效果较差）的情况下更为显著，这间接说明了公众诉求可以通过增强整改压力来提升审计整改质量。

表6-10　　　　　　被审计单位整改压力的机制检验

变量	（1）收入预决算偏离度较低 $Rectify$	（2）收入预决算偏离度较高 $Rectify$	（3）其他支出占比较低 $Rectify$	（4）其他支出占比较高 $Rectify$
$L.Pub$	−0.323 （−1.153）	0.810*** （4.304）	−0.016 （−0.040）	0.673** （2.178）
组间系数差异检验	P=0.010		P=0.137	
控制变量	YES	YES	YES	YES
时间固定	YES	YES	YES	YES
省份固定	YES	YES	YES	YES

续表

变量	(1)收入预决算偏离度较低 Rectify	(2)收入预决算偏离度较高 Rectify	(3)其他支出占比较低 Rectify	(4)其他支出占比较高 Rectify
Cons	2.052 (0.374)	3.502 (0.562)	4.265 (0.715)	6.491 (1.241)
N	128	119	151	127
R^2	0.348	0.342	0.216	0.400
调整后R^2	0.254	0.239	0.115	0.306
F	7.680	15.781	3.983	130.167

6.6.2 异质性分析

（1）法治环境。

法治环境对公众诉求的作用发挥有着重要影响。一方面，法治环境为公众表达合理诉求创造良好的制度条件，有利于社会公众诉求更好发挥作用，督促被审计单位及时整改问题，法治环境与公众诉求之间可能存在互补效应。另一方面，当法治环境较差时，社会公众的诉求反而更加容易凸显出来，法治环境与公众诉求之间则可能存在替代效应。因此本章将进一步研究在不同的法治环境下公众诉求对审计整改质量的提升效应是否有所差异。

本章借鉴曹春方和邓松林（2022）的做法，使用市场化指数来衡量法治环境。按照王小鲁等（2021）的市场化指数排名的中位数进行分组，如果排名在中位数之前，则法治环境较好；如果排名在中位数之后，则法治环境较差。回归结果见表6-11，列（1）的系数为0.512且在10%的水平上显著，列（2）的回归系数为0.285且不显著。组间系数差异检验结果也表明，这一差异在法治环境较好和法治环境较差两组样本中是显著的，这也说明法治环境与公众诉求之间存在替代效应，即在法治环境较差的地区，公众诉求对审计整改质量的提升效应更显著。

表6-11　　　　　　　　法治环境的异质性分析

变量	（1） 法治环境较差 Rectify	（2） 法治环境较好 Rectify
L.Pub	0.512* （2.069）	0.285 （1.228）
组间系数差异检验	P=0.054	
控制变量	YES	YES
时间固定	YES	YES
省份固定	YES	YES
Cons	9.979* （2.012）	1.918 （0.259）
N	134	144
R^2	0.297	0.408
调整后R^2	0.194	0.328

（2）地方"既有压力"。

前文提到的被审计单位整改压力主要是由社会公众关于审计整改的诉求所引发的压力（新增压力）；而不是在被审计单位受到公众表达诉求之前就有的压力（既有压力），如当地腐败程度、审计查出问题严重程度等，因为这些"既有压力"是在公众表达对审计整改诉求之前就有的压力。但不可否认的是，当地腐败程度、审计查出问题严重程度等这些"既有压力"会对公众诉求引发"新增压力"的效应产生不同的调节作用。本章预期，当地方腐败程度较高、查出问题严重程度较高时（"既有压力"较大时），公众诉求对审计整改质量的提升效应会更显著。

本章借鉴郭芮佳等（2018）、段军山和黄伟涛（2020）的做法，使用《中国检察年鉴》中职务犯罪数与公职人员数的比重作为当地腐败程度（Corrupt）的测度指标[①]，将Corrupt按1/3分位数分成三组，选取上1/3分位数区间内的样本作为腐败程度较低（"既有压力"较小）的样本，选取下1/3分位数区间内的样本作为腐败程度较高（"既有压力"较大）的样本；本章继

---
① 由于该数据只公布到2017年，因此本章使用2012—2017年的样本进行回归。

续使用"查出主要问题金额/GDP"衡量查出问题的严重程度（SP），将SP按1/3分位数分成三组，选取上1/3分位数区间内的样本作为审计查出问题严重程度较低（"既有压力"较小）的样本，选取下1/3分位数区间内的样本作为审计查出问题严重程度较高（"既有压力"较大）的样本，选取这两组样本分别回归。回归结果见表6-12，在腐败程度较高、审计查出问题严重程度较高（"既有压力"较大）的情况下，公众诉求对审计整改质量的提升效应更显著。

表6-12　地方"既有压力"的异质性分析

变量	（1）	（2）	（3）	（4）
	腐败程度较低	腐败程度较高	审计查出问题	
			严重程度较低	严重程度较高
	Rectify	Rectify	Rectify	Rectify
L.Pub	−0.321 （−0.924）	2.073* （1.756）	−0.320 （−1.002）	0.902* （1.789）
组间系数差异检验	P=0.081		P=0.028	
控制变量	YES	YES	YES	YES
时间固定	YES	YES	YES	YES
省份固定	YES	YES	YES	YES
Cons	−8.688 （−1.062）	14.249 （0.661）	6.210 （0.824）	−13.206 （−1.555）
N	51	48	98	90
R^2	0.658	0.505	0.388	0.446
调整后R^2	0.538	0.316	0.258	0.316

（3）地区位置。

直辖市与非直辖市地区之间的要素禀赋、公民素质及公众受教育水平等差异较大，可能造成不同地区的公众诉求对审计整改质量产生不同影响。相较于经济发展水平较低的非直辖市地区，直辖市通常具有更多的政策资源和资金支持，有更多的渠道支持公民递交合理诉求，对公众诉求的响应速度和处理效果更为高效，使其能及时处理公众信息，回应公众提出的合理诉求。因此，本章借鉴郭晓丹和王帆（2024）的做法，将样本划分为直辖市地区和非直辖市地区，进一步检验在直辖市地区和非直辖市地区，公众诉求对审计整改质量的影响是否有所差异。

从表6-13的回归结果可以看出，在直辖市地区，公众诉求与审计整改质量的回归系数为1.340且在10%水平上显著为正；而在非直辖市地区，公众诉求对审计整改质量的影响不显著。组间系数差异检验结果也表明，直辖市地区和非直辖市地区两组样本间存在显著差异。这可能是因为，直辖市地区拥有先进的治理理念和较好的经济环境，地方政府更加重视公众的诉求，当公众表达自身的意愿与诉求后，直辖市地区的地方政府更愿意受理相关申请，政府及相关部门在推动审计整改工作方面可能更加有力；相比之下，非直辖市地区的地方政府受经济基础和较落后发展观念的制约，公众诉求对审计整改质量的影响程度也会随之发生变化。

表6-13　　　　　　　　地区位置的异质性分析

变量	（1） 非直辖市 *Rectify*	（2） 直辖市 *Rectify*
L.Pub	0.425 （1.693）	1.340* （2.816）
组间系数差异检验	P=0.097	
控制变量	YES	YES
时间固定	YES	YES
省份固定	YES	YES
Cons	6.432 （1.087）	−20.485 （−1.350）
N	242	36
R^2	0.210	0.721
调整后R^2	0.150	0.458

6.7　本章小结

审计整改是国家审计的"下半篇文章"，是促进审计成果转化的必要保证。民主化进程的加快推进使公众得以深入参与国家治理。那么公众诉求的提高能否成为审计整改质量提升的新动能？本章选取2012—2021年省级面板数据，研究公众诉求对审计整改质量的影响效应、作用机制和情境差异。研究发现，公众诉求可以有效提升审计整改质量，表明"自下而上"的诱致性制度变迁可以促进审计整改质量的提升；进一步基于"新增压力"的机制研究发现，增加被审计单位的整改压力是公众诉求促进审计整改质量提升的重要机制；异质性分析发现，在不同的法治环境、地方"既有压力"和区域位置，公众诉求对审计整改质量的影响存在显著差异。

基于以上研究结论，本章得出以下政策启示：

（1）社会公众要合理合法表达诉求，不断推进审计整改取得实效。第一，社会公众要积极利用互联网平台，密切关注审计整改的落实。作为国家治理的重要主体，社会公众要合理使用社交媒体、短视频平台、政务平台等互联网平台，积极关注被审计单位的行为和表现，合理合法地通过网络平台表达对审计整改情况的满意度，也可以在政务平台上提出更多诉求。第二，人大代表应积极关注和倾听社会公众关于审计整改的诉求。人大代表源自社会公众，更应当关注全社会公众的利益和诉求。人大代表每年在谋划议案时要密切关注百姓的诉求，特别是百姓对审计整改的诉求，通过议案推动审计整改制度的完善。

（2）审计机关要做好审计信息公开，积极引导社会舆论推动审计整改。第一，审计机关要按照规定及时将审计整改情况向社会公众进行公告，有效引导社会公众对被审计单位及其主管部门的整改情况进行监督，借助强大的社会舆论力量，推动被审计单位认真落实审计整改。第二，审计机关要心怀"国之大者"，坚持"人民至上"，深刻认识到社会公众参与监督的重要性，引导公众为审计整改建言献策，调动社会公众参与审计监督的积极性，发挥审计监督与社会监督的协同作用，提高审计整改效率和审计整改质量。

第 7 章

信息技术进步与审计揭示问题质量：基于审计机关信息化建设的视角

7.1 研究缘起

2015年的《框架意见》提出"对公共资金、国有资产、国有资源和领导干部履行经济责任情况实行审计全覆盖"。审计全覆盖对国家审计工作提出了更高的要求，也带来了审计全覆盖的目标要求与审计资源相对匮乏之间的矛盾（陈骏、时现，2018）。在审计全覆盖的背景下，审计机关的审计任务繁重与审计力量不足之间的矛盾也更加凸显，特别是会对审计揭示问题质量产生重要影响。实际上，《框架意见》等相关配套文件在明确审计全覆盖的内涵和外延的同时，也提出了创新审计技术方法以适应审计全覆盖的要求。

早在20世纪末，金融、海关和税收等行业部门就已经开始了信息化应用，审计机关在审计时，曾遇到了"打不开电子账、进不了电子门"的尴尬局面。1999年，时任审计署审计长李金华就提出了著名的"三个失去"："审计人员不掌握计算机技术将失去审计的资格""审计领导干部不了解信息技术也将失去指挥的资格"以及"审计机关的管理人员不运用计算机技术将失去任职资格"。此后，中国国家审计信息化建设项目（简称"金审工程"，China's Golden Auditing Project）在2002年正式启动，李金华在"金审工程"工作会议上指出，"为了具备审计监督的能力，审计机关必须加快信息化建设，不搞是不行的"。

目前,"金审工程"先后实施完成了第一期工程、第二期工程,已经全面进入第三期建设。推进以大数据为核心的审计信息化建设是应对未来挑战的重要法宝,也是实现审计全覆盖的必由之路(刘家义,2015)。2018年5月,习近平总书记在中央审计委员会第一次会议上就提出"要坚持科技强审,加强审计信息化建设"。那么,审计机关信息化建设能否促进审计揭示问题质量的提升?审计机关信息化建设能否破解审计任务繁重与审计力量不足之间的突出矛盾?

根据2023年9月出版的《中国审计年鉴(2022)》,截至2021年底,我国有109891名国家审计工作人员。其中,审计署及其派驻机构有3799名,省级审计机关有8810名,地级审计机关有27178名,县级审计机关有70104名,合计有9万多名审计人员分布在2000多个市县的审计机关。在地方审计机关中,相对于省级审计机关和县级审计机关而言,地市级审计机关承担着承上启下的作用,地市级审计机关的信息化建设效果也更为明显。因此,基于地市级审计机关信息化建设的视角,研究信息技术进步对审计揭示问题质量的影响具有重要意义。

考虑到2020年初有重大突发公共卫生事件且直到2022年底才结束,为了排除2020年及以后审计机关信息化建设的效果受重大突发公共卫生事件的影响,本章将以2015—2019年地级市审计机关为研究对象,研究地市级审计机关信息化建设对审计揭示问题质量的影响。与以往文献相比,本章可能的贡献和创新主要体现在丰富了审计机关信息化建设的理论研究成果,可以为审计机关在实现审计监督全覆盖的背景下通过加强信息化建设提高审计揭示问题质量提供重要的理论依据。

7.2 理论分析与研究假说

7.2.1 审计机关信息化建设与审计揭示问题质量

DeAngelo(1981)指出,专业胜任能力是影响审计质量的两大重要因素之一。在科技强审的背景下,计算机基础、互联网和信息化知识已经纳入了审计人员专业胜任能力的框架中（刘力云等，2019）。在信息化时代，运用信息技术开展审计是审计人员的一项核心技能。现有实践表明，信息技术是影响会计师事务所核心竞争力的关键因素（Banker等，2002；Chang等，2011）。曾昌礼等（2018）实证研究发现，会计师事务所的信息化建设可以提高审计效率和审计质量。随着信息技术的不断进步，审计机关信息化建设通过增强审计专业胜任能力，势必会影响审计揭示问题质量。

信息技术的广泛使用使被审计单位的业务越来越复杂，对传统的审计技术和方法造成了冲击，对审计机关和审计人员的专业性提出了挑战。审计信息化的建设和发展，在很大程度上源自被审计单位信息化的迅猛发展（李春涛、柯宇立，2012）。被审计单位的信息化发展，为审计工作带来了新的机遇和挑战（邓芳等，2017）。根据路径依赖理论，技术演进有着类似于物理学中的惯性，一旦进入某一路径，就可能对这种路径产生依赖，惯性的力量会使对技术的选择不断进行自我强化。当前，审计机关正在大力进行信息化建设，以"金审工程"为代表的信息技术运用将为审计人员开展审计工作提供重要的技术支撑和保障。审计机关信息化建设，会潜移默化地影响着审计人员的工作习惯和思维方式（王智玉，2011）。

审计信息技术的发展是伴随着科学技术的发展而来的（秦荣生，2014）。一方面，对审计机关而言，信息化建设可以通过提高领导决策效率、组织协调效率、团队沟通效率以及个人工作效率等来促进审计效率的提升，从而提升审计揭示问题的效率。另一方面，"云计算"、数据挖掘、智能分析等新兴技术的产生，满足了审计信息化建设的需求。《"十三五"国家审计工作发展规划》就提出，要加快审计信息化建设，加强大数据技术运用，完成金审三期工程建设。《"十四五"国家审计工作发展规划》则提出全面贯彻落实习近平总书记关于科技强审的要求，加强审计技术方法创新，充分运用现代信息技术开展审计，提高审计质量和效率。可以预见，审计信息技术进步必将提升审计机关和审计人员的专业性，发现更多原来隐藏在深处不易被发现的审计问题或者审计线索，从而提高审计揭示问题质量。因此，提出如下假说：

H7-1：其他条件不变时，地方审计机关信息化建设会促进审计揭示问

题质量的提升。

7.2.2 审计机关信息化建设、审计工作任务与审计揭示问题质量

关于审计全覆盖的形势和要求，审计署前审计长胡泽君在2018年3月两会期间的"部长通道"上提到，"审计全覆盖既涉及行政机关，也涉及党的机关；既涉及公共资金、国有资源、国有资产，也涉及领导干部履行经济责任的情况"。从实际情况来看，国家审计的监督对象和领域均在扩展，审计任务愈加繁重。例如，我国审计署每年审计的央企数量正逐渐增加，2022年审计署重点审计央企的数量为33户，是2013年重点审计央企数量的三倍多。

如何才能实现审计全覆盖？地方审计机关先后提出过增加机构人员编制、购买第三方服务以及加强信息化建设等三个方案。关于第一个方案——增加机构人员编制，前审计长刘家义曾指出，"如果审计技术不创新，即使再增加五倍的人力，也很难实现审计全覆盖"。关于第二个方案——购买第三方服务，由于注册会计师审计往往是针对财务报表数据的真实性和公允性，不愿意承担发现舞弊线索的责任和风险，第三方并不能代替国家审计（董大胜，2015）。关于第三个方案——加强信息化建设，推进以大数据为核心的审计信息化建设是应对未来挑战的重要法宝，也是实现审计全覆盖的必由之路（刘家义，2015）。

面临审计任务增加的现状，信息技术更需要发挥其优势，从而提升审计揭示问题质量。审计机关利用大数据技术可以扩大审计监督覆盖范围，将不同部门和行业的海量数据进行关联分析和多维比对（靳思昌，2018），从而发现更多的疑点线索。早在2011年对地方性债务的审计过程中，审计署组织全国各级审计机关在短短5个多月内就完成全国187万余笔债务的清查，依靠的就是信息化[①]。审计任务的增加，也会倒逼审计人员不断提高信息技术能力，通过信息技术手段精准锁定审计线索，从而去发现更多问题。由此，提出本章的假说H7-2。

---

① https://www.audit.gov.cn/n9/n402/n408/c15921/content.html.

H7-2：其他条件不变时，在审计工作任务繁重的情况下，审计机关信息化建设对审计揭示问题质量的提升效应会更显著。

7.2.3 审计机关信息化建设、审计人力资源与审计揭示问题质量

在数字化时代，审计机关面临着巨大的工作挑战，审计内容的载体从纸质资料变为海量电子档案，依赖于审计人员编制的增加是远远达不到实现全覆盖要求的。特别是对于审计人员编制增加困难的审计机关而言，若一直保持传统的审计模式，不及时转变传统的审计思维，掌握最新的审计方法，提高数据分析能力，就难以保质保量完成审计任务，审计机关开展审计工作将会陷入困境。

一方面，信息化建设可以减少审计人员的主观错误。在审计人力资源紧张的情况下，审计人员压力较大，更容易出现主观错误，且主观错误造成的影响会更大。大数据技术的应用可以减少审计重点误拒风险和误受风险（黄舒，2017），提高审计揭示问题的准确度。

另一方面，信息化建设可以提高年轻审计人员的干事热情。审计经验较少、技术能力较强的审计人员更愿意体验新的审计信息技术方式（Abou-El-Sood等，2015）。信息技术平台也是审计人员进行沟通和学习的平台，审计人员能够及时获取相似应用场景的知识和经验，更好开展审计实践（房巧玲等，2023a），持续提升审计揭示问题质量。由此，提出本章的假说H7-3。

H7-3：其他条件不变时，在审计人力资源较少的情况下，审计机关信息化建设对审计揭示问题质量的提升效应会更显著。

7.3 研究设计

7.3.1 样本选择和数据来源

在地方审计机关中，相对于省级审计机关和县级审计机关而言，地市

级审计机关承担着承上启下的作用，地市级审计机关的信息化建设效果也更为明显。考虑到2020年初有重大突发公共卫生事件且持续蔓延到2022年底，这对地市级审计机关的工作开展产生了较大的影响，特别是显著改变了非现场审计（主要是数据分析）和现场审计（根据数据分析的疑点进行现场取证）的结构。为了排除2020年及以后审计机关信息化建设受重大突发公共卫生事件的影响，本章将专门研究2020年之前的地市级审计机关信息化建设对审计揭示问题质量的影响。

本章选取2015—2019年地市级审计机关作为研究样本，数据主要来源于《中国审计年鉴》《中国城市统计年鉴》等；地市级市长变更数据通过手工收集整理获得；地市级审计机关信息化建设的数据来自各审计局披露的年度部门决算报告。本章使用Stata15.0和Microsoft Excel 2010对数据进行处理和分析，并且对连续型变量进行了5%和95%的缩尾处理，以减少异常数据的影响。

7.3.2 研究变量的选取

（1）被解释变量。

审计揭示问题质量（$Reveal$）。本章从审计机关揭示违规违法问题的角度出发，在借鉴已有研究的基础上（王芳，2009；叶子荣、马东山，2012；吴秋生等，2016；池国华等，2018），使用《中国审计年鉴》中的"审计查出主要问题金额"与地区生产总值的比值来进行衡量。

（2）解释变量。

审计机关信息化建设（INV）。审计机关信息化建设的数据来自各地市级的审计局年度部门决算报告。按照地市级审计机关在网上公布的决算报表中的信息化建设支出的科目编码（类为201、款为08、项为06）进行收集，考虑到信息化建设支出属于一般公共服务支出，因此，本章将信息化建设支出与一般公共服务支出的比值作为审计机关信息化建设的代理变量。

（3）控制变量。

参考已有文献的做法（吴秋生等，2016；庞保庆等，2020；后小仙等，2021；上官泽明、赵晓艳，2021），选取如下控制变量：人均GDP（$LnRJGDP$）、政府规模（$ZFGM$）、人口规模（$RKGM$）、地区教育水平（EDU）、地区媒体发展程度（PI）、法治环境（FZH）、领导变更（$TURNOVER$）。具体定义如表7-1所示。

表7-1 变量的具体情况

变量名称	变量符号	变量定义和说明
审计揭示问题质量	$Reveal$	审计查出主要问题金额/地区生产总值
信息化建设	INV	信息化建设支出/一般公共服务支出
人均GDP	$LnRJGDP$	Ln（人均GPD）
政府规模	$ZFGM$	财政支出/GDP
人口规模	$RKGM$	Ln（地区总人口）
媒体发展程度	PI	地区互联网用户数/地区总人口
地区教育水平	EDU	Ln（普通本专科在校学生数）
法治环境	FZH	樊纲等的市场化指数
领导变更	$TURNOVER$	当年地级市市长变更取1，没有变更取0

7.3.3 实证模型的设计

为了检验审计机关信息化建设对审计揭示问题质量的影响，本章构造模型（7-1）进行实证检验。其中，$Reveal$代表审计揭示问题质量，INV代表审计机关信息化建设，$Controls$代表影响审计揭示问题质量的人均GDP、政府规模、人口规模等其他因素；i代表地市级城市，t代表年份，λ代表地级市固定效应，γ代表时间固定效应，ε为残差。考虑到地方审计机关信息化建设对审计揭示问题质量的影响具有滞后效应，将审计机关信息化建设这一变量滞后一期。同时，本章在地市级层面对标准误进行聚类（cluster）处理方法。

$$Reveal_{i,t} = \alpha_0 + \alpha_1 INV_{i,t-1} + \sum \alpha_i Controls_{i,t} + \gamma_t + \delta_i + \varepsilon_{i,t} \quad (7-1)$$

为了检验在审计工作任务繁重情况下审计机关信息化建设对审计揭示问题质量的影响，本章将审计项目数（$COVER$）作为审计任务的替代指标，该指标数值越大,说明审计任务越繁重。同时,在模型(7-1)的基础上引入审计项目数与审计机关信息化建设的交互项,即设计了模型(7-2),当交互项的系数(α_3)显著为正时,说明在审计任务繁多的情况下,地方审计机关更能发挥信息化建设的优势,进一步提高审计揭示问题质量。

$$Reveal_{i,t} = \alpha_0 + \alpha_1 INV_{i,t-1} + \alpha_2 COVER_{i,t} + \alpha_3 INV \times COVER_{i,t} \\ + \sum \alpha_i Controls_{i,t} + \gamma_i + \delta_t + \varepsilon_{i,t} \quad (7-2)$$

为了检验在审计人力资源有限情况下审计机关信息化建设对审计揭示问题质量的影响,在模型(7-1)的基础上,以地方审计机关实际人员数的中位数将样本划分为高、低两组,进行分组回归,并根据组间系数差异检验的结果来进行验证。

7.4 实证分析

7.4.1 描述性统计分析

各主要变量的描述性统计结果如表7-2所示。其中,审计揭示问题质量(Reveal)的最小值和最大值分别为0.004和0.213,均值和标准差分别为0.057和0.057,说明地级市审计机关的审计揭示问题质量相对较低且差异较大。信息化建设(INV)的最小值和最大值分别为0.003和0.122,均值和标准差分别为0.035和0.033,说明地级市审计机关信息化建设投入占一般公共支出项目的比重相对偏低且差异较小。

控制变量方面,人均GDP(LnRJGDP)的均值和标准差分别为10.710和0.719,说明各地级市人均GDP的水平较高,但不同地级市的经济发展水平差异较大;政府规模(ZFGM)的均值和标准差分别为0.221和0.174,说明各地级市的政府规模相对较小;人口规模(RKGM)的均值和标准差分别为5.999和0.563,说明地级市普遍拥有较大的人口规模,但不同地级市的人口规模差异较大;地区教育水平(EDU)的均值和中位数分别为10.815和10.757,标准差为1.176,说明地级市人口的受教育水平普遍较高,但不同地级市的教育水平存在悬殊差异；法治环境（FZH）的均值为6.276，说明我国整体法治水平较高；地区媒体发展程度（PI）的均值和标准差分别为0.277和0.143，说明地级市整体的媒体发展水平较低；审计人员（$SJRY$）的均值和中位数分别为67.030和62.000，说明地级市整体的审计人员规模较高；审计项目数（$COVER$）的中位数和标准差分别为56.000和72.653，说明不同地级市审计机关的审计项目数存在较大差异。

表7-2　　　　　　　主要变量的描述性统计结果

变量	样本量	均值	标准差	最小值	中位数	最大值
$Reveal$	542	0.057	0.057	0.004	0.037	0.213
INV	543	0.035	0.033	0.003	0.023	0.122
$LnRJGDP$	542	10.710	0.719	9.273	10.711	11.963
$ZFGM$	542	0.221	0.174	0.051	0.167	0.761
$RKGM$	543	5.999	0.563	4.779	5.999	6.891
EDU	516	10.815	1.176	8.903	10.757	13.274
PI	541	0.277	0.143	0.101	0.237	0.638
FZH	543	6.276	1.070	4.360	6.190	8.160
$TURNOVER$	543	0.324	0.468	0.000	0.000	1.000
$SJRY$	535	67.030	26.772	34.000	62.000	135.000
$COVER$	543	72.897	72.653	3.000	56.000	935.000

7.4.2　实证结果分析

（1）地方审计机关信息化建设与审计揭示问题质量。

表7-3为模型（7-1）的回归结果。其中，列（1）为模型中加入控制变量同时固定个体效应和时间效应的回归结果，地方审计机关信息化建设（$L.INV$）的回归系数为0.235且在10%的水平上显著，再次验证了假说H7-1，表明地方审计机关信息化建设能促进审计揭示问题质量的提高。当审计机关加强信息化建设时，会突破传统审计方式的局限性，大幅提升审计工作效率，从而提升审计揭示问题质量。

表7-3　实证结果(一)

变量	(1) Reveal	(2) Reveal
L.INV	0.235* (1.929)	−0.184 (−1.418)
COVER		0.000 (−0.330)
L.INV × COVER		0.006*** (3.284)
LnRJGDP	−0.034 (−1.603)	−0.022 (−1.110)
ZFGM	0.039 (0.869)	0.063 (1.448)
RKGM	−0.098 (−0.901)	0.026 (0.266)
EDU	0.028 (1.477)	0.031 (1.599)
PI	0.067 (1.188)	0.081 (1.433)
FZH	−0.010 (−0.791)	−0.010 (−0.776)
时间固定	Yes	Yes
城市固定	Yes	Yes
Cons	0.729 (0.905)	−0.194 (−0.259)
N	326	326
R^2	0.304	0.352
调整后R^2	0.282	0.327
F	8.240	8.285

注：***、**和*分别表示1%、5%和10%的显著性水平。括号内为t值。标准误为地市级层面的聚类稳健标准误，下同。

(2) 地方审计机关信息化建设、审计工作任务与审计揭示问题质量。

表7-3的列(2)为模型(7-2)的回归结果，地方审计机关信息化建设与审计任务数的交互项(L.INV × COVER)的回归系数为0.006且在1%的水

平上显著为正，证明了假说H7-2是成立的。即在审计任务繁多的情况下，审计人员采用信息技术手段，例如，通过横向比较以及关联分析等数据分析方法，可以提高工作效率，批量化地完成审计任务，从而提高审计揭示问题质量。

（3）地方审计机关信息化建设、审计人力资源与审计揭示问题质量。

本章采用分组回归的方式，来验证假说H7-3。需要说明的是，由于个别地级市审计机关没有披露审计人员数，导致部分样本缺失，也导致分组回归的样本数之和少于全样本数量。分组回归的结果如表7-4所示，列（1）为审计人力资源较少时的回归结果，地方审计机关信息化建设（L.INV）的回归系数为0.442，在1%的水平上显著为正；列（2）为审计人力资源较多时的回归结果，地方审计机关信息化建设（L.INV）的回归系数并不显著，且通过了组间系数差异检验，这表明地方审计机关信息化建设对审计揭示问题质量的提升效应在审计人力资源较少时更为显著，这也验证了假说H7-3。当地市级审计机关的人员编制较少时，信息技术的广泛应用可以突破审计人力资源的限制，倒逼审计机关放弃增加人员编制的不切实际的希望，创新审计工作方式方法，不断提高审计工作效率。

表7-4 实证结果（二）

变量	（1）审计人力资源较少 Reveal	（2）审计人力资源较多 Reveal
L.INV	0.442*** （2.730）	−0.136 （−0.770）
组间系数差异检验	P=0.006	
时间固定	Yes	Yes
LnRJGDP	−0.009 （−0.258）	−0.037 （−1.509）
ZFGM	0.062 （0.934）	0.013 （0.206）
RKGM	−0.674** （−2.339）	0.222** （2.093）
EDU	0.014 （0.496）	0.108*** （2.881）

续表

变量	（1）审计人力资源较少 Reveal	（2）审计人力资源较多 Reveal
PI	0.038 （0.522）	0.078 （1.300）
FZH	−0.042** （−2.012）	0.008 （0.508）
时间固定	Yes	Yes
城市固定	Yes	Yes
Cons	4.212* （1.994）	−2.216** （−2.053）
N	162	159
R^2	0.367	0.386
调整后 R^2	0.325	0.344
F	5.654	13.654

7.5 稳健性检验

本章将进一步通过稳健性检验来增强基准回归结果的稳健性，具体包括以下几个方面。

7.5.1 替换变量

第一，替换因变量。本章将采用查出主要问题金额的自然对数（LnReveal）衡量审计揭示问题质量。回归结果如表7-5的列（1）所示，地方审计机关信息化建设（L.INV）的回归系数为4.980，且在1%水平上显著为正，这表明对假说H7-1的验证具有较强的稳健性。

第二，替换自变量。本章将采用地级市审计机关信息化建设支出金额的自然对数（L.INV1）衡量审计机关信息化建设。回归结果如表7-5的列（2）所示，L.INV1的回归系数为0.007，且在5%的水平上显著为正，这再次表明对假说H7-1的验证具有较强的稳健性。

表7-5 稳健性检验（一）

变量	（1） LnReveal	（2） Reveal
L.INV	4.980*** （3.153）	
L.INV1		0.007** （1.983）
控制变量	Yes	Yes
时间固定	Yes	Yes
城市固定	Yes	Yes
Cons	43.955*** （2.686）	0.791 （0.955）
N	326	326
R^2	0.084	0.302
调整后R^2	0.055	0.280
F	2.656	7.801

7.5.2 考虑遗漏重要变量

目前，我国地方审计机关实行的是双重领导管理体制，这意味着审计机关在人财物上需要接受本级行政首长的领导，在业务上则要接受上级审计机关的安排。因此，讨论审计机关信息化建设对审计揭示问题质量的影响需要将地方行政首长的行为纳入考虑范围。已有研究发现，若地级市的市长发生更替，在当年的审计力度会得到明显提高（庞保庆等，2020）。

基于此，考虑到遗漏市长更替这一重要变量会产生较强的内生性问题，本章在控制变量中加入了市长更替（TURNOVER）这一变量。具体衡量方式为：若市长在当年发生更替，TURNOVER则取值为1，否则取值为0。表7-6为加入重要遗漏控制变量的回归结果。与基准回归结果相比，加入市长更替（TURNOVER）变量后，地方审计机关信息化建设（L.INV）的回归系数为0.232，且在10%水平上显著为正，表明在排除市长更替的影响后，研究结论依然保持不变。

表7-6　　　　　　　　　稳健性检验（二）

变量	Reveal
L.INV	0.232* （1.946）
TURNOVER	0.007 （1.187）
其他控制变量	Yes
时间固定	Yes
城市固定	Yes
Cons	0.653 （0.821）
N	326
R^2	0.309
调整后R^2	0.285
F	7.620

7.5.3　使用Heckman两阶段模型

为进一步排除其他内生性问题，本章拟采用Heckman两阶段模型进行稳健性检验。具体过程如下：第一阶段，首先，将地方审计机关信息化建设设置为虚拟变量L.INV_XN，若审计机关信息化建设占一般公共支出的比重大于样本中位数则赋值为1，否则赋值为0。其次，构建Probit估计模型，选取与模型（7-1）相同的控制变量进行回归。最后，计算逆米尔斯利率（IMR）。第二阶段，在模型（7-1）的基础上将逆米尔斯利率（IMR）纳入回归方程。表7-7的列（1）为具体的回归结果，地方审计机关信息化建设（L.INV）的回归系数为0.474，在1%水平上显著为正，较好地支持了假说H7-1。

表7-7　稳健性检验（三）

变量	(1) Reveal	(2) Reveal
L.INV	0.474*** (2.888)	0.261* (1.731)
IMR	−0.014** (−2.399)	
其他控制变量	Yes	Yes
时间固定	Yes	Yes
城市固定	Yes	Yes
Cons	0.713 (0.917)	−0.136 (−0.141)
N	326	242
R^2	0.319	0.307
调整后R^2	0.295	0.277
F	7.730	6.079

7.5.4　排除省以下地方审计机关人财物统一管理改革试点政策的影响

2015年12月，中共中央办公厅、国务院办公厅印发了《关于完善审计制度若干重大问题的框架意见》，提出要探索省以下地方审计机关人财物管理改革，选择江苏、浙江、山东、广东、重庆、贵州、云南等7个省市开展改革试点工作，这一改革会将市县审计机关人、财、物的权力向上集中到上级审计部门，减少本级地方政府的干扰，增强地市级审计机关的独立性。为了减少此政策的干扰，本章在样本中剔除进行改革的7个试点省市的数据。表7-7的列（2）为调整样本区间的稳健性检验结果，地方审计机关信息化建设（L.INV）的回归系数为0.261且在10%水平上显著为正，表明排除省以下地方审计机关人财物统一管理改革试点政策后，地方审计机关信息化建设对审计揭示问题质量的促进效应仍然存在。

7.6 进一步研究

7.6.1 考虑区域位置的异质性分析

不同地区的信息化建设基础和建设效果会有所不同，这可能会导致地方审计机关信息化建设对审计揭示问题质量的影响也有所差异。与中西部地区相比，东部地区的信息化建设基础较好，东部地区审计机关的"金审工程"建设具有先发优势，审计机关信息化建设对审计揭示问题质量的提升效应在东部地区可能会更为显著。但是，以贵州省为代表的中西部地区，在大数据发展方面也具有更强的后发优势，审计机关信息化建设对审计揭示问题质量的提升效应在中西部地区也可能会更为显著。因此，有必要根据地方审计机关所处的区域，将其分东部区域和中西部区域进行分组检验。

从表7-8的回归结果可以看出，列（1）为东部地区样本的回归结果，审计机关信息化建设（$L.INV$）的回归系数不显著；列（2）为中西部地区样本的回归结果，审计机关信息化建设（$L.INV$）的回归系数为0.357且在5%的水平上显著为正，组间系数差异检验的P值为0.089，这表明在不同区域下，审计机关信息化建设对审计揭示问题质量的提升效应确实存在差异，特别是中西部地区的审计机关信息化建设对审计揭示问题质量的提升更为明显。这可能是因为，东部地区的审计机关信息化建设对审计揭示问题质量的促进效果已提前释放；而中西部地区的审计机关信息化建设水平起初较低，在实施"金审工程"后可以带来很强的后发优势，会有效提升审计揭示问题质量。

表7-8　　　　　　　考虑区域位置的异质性检验

变量	东部地区 Reveal	中西部地区 Reveal
$L.INV$	0.028 （0.184）	0.357** （2.100）
组间系数差异检验	P=0.089	
控制变量	Yes	Yes

续表

变量	东部地区 Reveal	中西部地区 Reveal
时间固定	Yes	Yes
城市固定	Yes	Yes
Cons	1.831 (1.064)	0.487 (0.512)
N	111	215
R^2	0.274	0.342
调整后 R^2	0.202	0.310
F	2.970	6.677

7.6.2 考虑法治环境的异质性分析

信息技术的治理效应依赖于法治环境。一方面，制度环境的优化可以实现信息技术的收益递增效应（陈新，2019）。当法治环境较好时，审计机关信息化建设对审计揭示问题质量的提升效应可能会更显著。此时，信息技术发展与法治环境之间存在互补效应。另一方面，相对于信息技术发展的不可逆性而言，制度环境则具有可逆性（吴晓波，2014），当法治环境出现倒退时，审计机关信息化建设对审计揭示问题质量的提升效应也可能会更显著。此时，信息技术发展与法治环境之间存在替代效应。

因此，本章将我国的地级市审计机关分为法治环境较差、法治环境较好的两组样本，分别代入模型（7-1）中回归，回归结果如表7-9所示。列（1）为法治环境较差的回归结果，审计机关信息化建设（L.INV）的回归系数不显著；列（2）为法治环境较好的回归结果，审计机关信息化建设（L.INV）的回归系数为0.307且在5%的水平上显著为正，组间系数差异检验的P值为0.052，这说明地级市审计机关信息化建设对审计揭示问题质量的提升作用在不同的法治环境下确实存在差异，审计机关信息化建设对审计揭示问题质量的提升效应在法治环境较好时更为显著，信息技术发展与法治环境之间存在互补效应。

表7-9　　　　　　　　考虑法治环境的异质性检验

变量	（1）法治环境较差 Reveal	（2）法治环境较好 Reveal
L.INV	0.163 （0.910）	0.307** （2.246）
组间系数差异检验	P=0.052	
控制变量	Yes	Yes
时间固定	Yes	Yes
城市固定	Yes	Yes
Cons	−1.173 （−0.920）	0.542 （0.375）
N	158	168
R^2	0.447	0.298
调整后R^2	0.409	0.253
F	6.780	6.383

7.6.3　考虑文化价值观的异质性分析

审计机关信息化建设的作用发挥离不开制度环境的支撑。制度环境除了包括正式制度，还包括非正式制度。文化价值观作为一种典型的非正式制度，会在无形之中影响人们的意识形态与行为准则。张佑林（2007）认为当社会的文化价值理念与科学技术的文化理念不一致时，文化价值理念会阻碍科学技术的发展，反之亦然。不同区域的文化氛围会对该区域群体的意识造成独特影响，进而在行为上呈现出一定差异（赵向阳等，2015）。因此，有必要研究在不同区域文化价值观下审计机关信息化建设对审计揭示问题质量的影响是否有所差异。

赵向阳等（2015）基于GLOBE文化维度测算了中国各省的9个区域文化价值维度的数值。本章筛选出了与研究话题相关的三个文化维度：不确定性规避、未来导向、人际关怀导向。

（1）不确定性规避。

在GLOBE文化维度中，不确定性规避是指群体对未来具有较高不确定性事件的规避程度,特别是采取相应措施去应对不确定性事件发生的程度。在社会审计领域,一个地区的不确定性规避得越高,审计师的态度就越谨慎(叶陈刚等,2020)。在国家审计领域,当不确定性规避程度上升时,审计人员更会采取有力措施去减少审计风险,更会依靠信息技术手段去扩大审计范围,加大审计力度,及时、准确、高效地发现和揭露被审计单位存在的问题,进而促进审计揭示问题质量的提升。

本章的不确定性规避变量来源于赵向阳(2015)测量区域文化的不确定性规避指标,该指标的数值越大,表明该地区的不确定性规避程度越高;反之,不确定性规避程度则越低。本章根据审计机关所处地区的不确定性规避程度,将其按照中位数分为不确定性规避程度高、不确定性规避程度低的两组样本,分别代入模型(7-1)中回归,回归结果如表7-10所示。列(1)为不确定性规避程度低的回归结果,审计机关信息化建设(L.INV)的回归系数不显著;列(2)为不确定性规避程度高的回归结果,审计机关信息化建设(L.INV)的回归系数为0.345且在5%的水平上显著,组间系数差异检验的P值为0.005,这表明不确定性规避文化会影响审计机关信息化建设对审计揭示问题质量的提升效果,审计机关信息化建设对审计揭示问题质量的提升效应在不确定性规避程度高的文化下更为显著。

表7-10　　　　考虑不确定性规避文化的异质性检验

变量	(1)不确定性规避程度低 Reveal	(2)不确定性规避程度高 Reveal
L.INV	0.017 (0.124)	0.345** (2.243)
组间系数差异检验	P=0.005	
控制变量	Yes	Yes
时间固定	Yes	Yes
城市固定	Yes	Yes
Cons	−1.155 (−0.534)	1.537* (1.751)
N	163	163
R^2	0.457	0.295

续表

变量	(1)不确定性规避程度低 *Reveal*	(2)不确定性规避程度高 *Reveal*
调整后 R^2	0.421	0.248
F	8.045	5.837

(2)未来导向。

在GLOBE文化维度中,未来导向是指群体成员能够高瞻远瞩,关注长期利益而非短期利益。特别是当短期发展与长期发展出现矛盾时,会倾向于选择长期发展。一个地区的未来导向氛围,会影响到该地区群体的心理和行为。在未来导向的氛围中,审计机关的工作人员会更注重经济运行的持续健康发展,也会更加注重发挥国家审计的经济体检功能,会更加依靠信息技术手段去做好"查病",来促进"治已病"和"防未病"。

本章的未来导向变量来源于赵向阳(2015)测量中国区域文化的未来导向指标,该指标的数值越大,表明该地区的未来导向氛围越强;反之,未来导向氛围则越弱。本章根据审计机关所处地区的未来导向程度,将其按照中位数分为未来导向程度高、未来导向程度低的两组样本,分别代入模型(7-1)中回归,回归结果如表7-11所示。列(1)为未来导向程度低的回归结果,审计机关的信息化建设(L.INV)的回归系数不显著;列(2)为未来导向程度高的回归结果,审计机关的信息化建设(L.INV)的回归系数为0.326且在10%的水平上显著,组间系数差异检验的P值为0.004,这表明未来导向文化会影响审计机关信息化建设对审计揭示问题质量的提升效果,审计机关信息化建设对审计揭示问题质量的提升效应在未来导向程度高的文化下更为显著。

表7-11　　　　　　考虑未来导向文化的异质性检验

变量	(1)未来导向程度低 *Reveal*	(2)未来导向程度高 *Reveal*
L.INV	0.092 (0.773)	0.326* (1.857)
组间系数差异检验	P=0.004	

续表

变量	（1）未来导向程度低 Reveal	（2）未来导向程度高 Reveal
控制变量	Yes	Yes
时间固定	Yes	Yes
城市固定	Yes	Yes
Cons	−3.439*** (−3.520)	0.330 (0.193)
N	171	155
R^2	0.473	0.312
调整后R^2	0.441	0.265
F	7.225	6.533

（3）人际关怀导向。

在GLOBE文化维度中，人际关怀导向是指群体成员注重人际关系的良好发展，尊重他人，会站在对方的角度思考问题。当审计机关所在地的人际关怀导向氛围浓厚时，审计机关负责人、审计项目负责人与审计人员之间的关系会比较和睦友善，审计团队的凝聚力和战斗力都比较强。对于审计信息化工作的开展，部分审计人员刚开始可能会觉得难以胜任，会有些抵触。在人际关怀导向的氛围下，审计人员之间会互帮互助，对审计信息化的消极态度会逐渐转变为积极态度并更加依赖信息技术，从而主动提高工作效率，提升审计揭示问题质量。

本章根据审计机关所处地区的人际关怀导向程度，将其按照中位数分为人际关怀导向程度高、人际关怀导向程度低的两组样本，分别代入模型（7-1）中回归，回归结果如表7-12所示。列（1）为人际关怀导向程度低的回归结果，审计机关的信息化建设（L.INV）的回归系数不显著；列（2）为人际关怀导向程度高的回归结果，审计机关的信息化建设（L.INV）的回归系数为0.298且在5%的水平上显著，组间系数差异检验的P值为0.031，这表明人际关怀导向文化会影响审计机关信息化建设对审计揭示问题质量的提升效果，审计机关信息化建设对审计揭示问题质量的提升效应在人际关怀导向程度高的文化下更为显著。

表7-12 考虑人际关怀导向文化的异质性检验

变量	（1）人际关怀导向程度低 Reveal	（2）人际关怀导向程度高 Reveal
L.INV	−0.017 （−0.092）	0.298** （2.182）
组间系数差异检验	P=0.031	
控制变量	Yes	Yes
时间固定	Yes	Yes
城市固定	Yes	Yes
Cons	−0.013 （−0.005）	0.979 （1.158）
N	159	167
R^2	0.427	0.321
调整后 R^2	0.388	0.278
F	6.384	4.470

7.7 本章小结

随着党和国家对审计全覆盖要求的不断提高，审计机关的审计任务繁重与审计力量不足之间的矛盾日益凸显，审计机关信息化建设被寄予为破解这一矛盾的重要手段。本章以2015—2019年地级市审计机关为研究对象，研究地市级审计机关信息化建设对审计揭示问题质量的影响。

本章研究发现：（1）地市级审计机关信息化建设能够提升审计揭示问题质量；（2）当审计任务相对繁重、审计人员相对较少的情况下，地市级审计机关信息化建设对审计揭示问题质量的提升效应更显著；（3）异质性研究表明：①在中西部地区和法治环境较好的地区，地市级审计机关信息化建设对审计揭示问题质量的提升效应更显著；②在区域文化价值观中，对处在不确定性规避程度高、未来导向程度高以及人际关怀导向程度高的地区，地市级审计机关信息化建设对审计揭示问题质量的提升效应更显著。

基于以上研究结论，本章得出以下政策启示：一是坚持科技强审战略，促进审计揭示问题质量的提升；二是大力推进"金审工程"三期建设，努力实现审计全覆盖；三是运用大数据审计理念，优化现场审计和非现场审计的比例结构。

第 8 章

信息技术进步与审计整改质量：基于全社会互联网发展的视角

8.1 研究缘起

国家审计是党和国家监督体系的重要组成部分，而提升审计整改质量则是做好审计工作"后半篇文章"的关键所在。审计整改质量既是衡量审计监督效果的重要标准，也是审计事业高质量发展的重要体现。自党的十八大以来，党中央和国务院都高度重视审计整改工作，习近平总书记多次就审计整改作出重要指示和批示，国务院每年都会召开常务会议专门部署审计整改的落实工作。2015年12月，中共中央办公厅转发了《关于改进审计查出突出问题整改情况向全国人大常委会报告机制的意见》，对审计查出突出问题整改情况报告的时间、主体、形式、内容等提出了明确要求，这标志着审计查出问题整改机制的深化（汪德华，2021）。2020年6月，全国人大常委会印发《关于进一步加强各级人大常委会对审计查出突出问题整改情况监督的意见》，对各级人大听取和审议审计查出问题整改情况报告作出了具体要求。在实践中，自2015年起，审计署受国务院委托每年向全国人大常委会报告年度中央预算执行和其他财政收支审计查出问题的整改情况；很多地方也相继实现了人大首次听取和审议审计整改情况报告的零的突破。2021年7月，中共中央办公厅和国务院办公厅专门印发了《关于建立健全审计查出问题整改长效机制的意见》，进一步明确了党委、人大、政府及主管部门、被审计单位、审计机关等不同主体的职责。2021年10月，新修订的《审计法》专门增加了对审计查出问题整改的要求，特别是明确了拒不整改、虚假整改的法律责任。尽管涉及审计整改的法律制度在不断完善，但是审计查出问题"屡审屡犯"的现象仍然比较突出，整改不到位、不彻底的情况经常发生，全社会已经产生了审计"无力"认识，甚至有权威媒体在2020年12月总结了一些地区和单位对审计整改的不良态度，那就是："虚心接受""诚恳检讨"却"硬是不改""改而又犯"①。那么，如何才能有效解决"屡审屡犯"这一顽疾，提升审计整改质量呢？

　　工欲善其事，必先利其器。2022年10月，党的二十大报告提出要加快建设"网络强国"和"数字中国"。互联网等信息技术正以新理念、新业态、新模式全面融入人类经济、政治、文化、社会、生态文明建设的各领域和全过程，对审计整改涉及的人大、政府及主管部门②、审计机关等诸多主体也产生了深远的影响。其一，全国人大常委会办公厅在2017年6月就下发了《关于推进地方人大预算联网监督工作的指导意见》，文件指出利用"互联网+"和大数据技术已成为各级人大加强审查预算和监督国有资产的重要利器，如陕西省在2020年底率先发布的《人大预算和国有资产联网监督系统建设与运行规范》是人大在联网监督系统建设与运行方面的首个省级地方标准，人大的联网监督系统建设对审计整改落实情况的监督能力也将大大提高。其二，国务院在2021年12月印发的《"十四五"数字经济发展规划》中就明确提出要提高"互联网+政务服务"效能，加快推进政务服务标准化、规范化、便利化，持续提升政务服务数字化、智能化水平。政府及主管部门必然会将"互联网+政务服务"运用在审计问题的落实整改

---

① 《新华时评：审计整改不能年复一年"改而又犯"》，详见：https://m.gmw.cn/baijia/2020-12/24/34488832.html.

② 本章中的"主管部门"是特指被审计单位的主管部门。这是因为《国务院关于加强审计工作的意见》（国发〔2014〕48号）提出："对审计反映的问题，被审计单位主管部门要及时督促整改。"同时，根据审计署编著的《新修订审计法释义》，主管部门既包括行政主管部门（如税务主管部门、教育主管部门等），也包括无行政管理权单位（如国有企业、国有金融机构等）的上级单位。

中。其三，我国在2002年正式启动国家审计信息化建设项目（简称"金审工程"，China's Golden Auditing Project），目前审计署本级已经完成了"金审工程"三期项目的建设任务，省级及以下审计机关的"金审工程"三期项目进入了建设应用和持续优化阶段，这将有助于实现审计计划编制、审计资源管理、审计质量控制、审计成果利用等全过程的数字化。2021年6月出台的《"十四五"国家审计工作发展规划》专门提出要"加强审计整改信息化建设"，特别是采取网上追踪和现场检查相结合、对账销号等方式，推动提升整改效果。在实践中，广东省审计厅自2020年就开始全面运用审计整改监督管理系统，将审计查出问题的整改情况纳入了电子台账、自动销号、自动预警和智能分析的信息化管理①。山东省审计厅在2022年上线运行的审计整改督查工作管理系统，包括总体情况、台账填报、查询分析、跟踪督促检查4大功能模块②。那么，互联网发展是否真的可以成为审计整改质量提升的新动能？如果可以，互联网发展提升审计整改质量的作用机制究竟表现如何？这些都是值得深入研究的重要问题。

为此，本章采用中国31个省份的面板数据，实证研究互联网发展对审计整改质量的影响。研究发现：互联网发展可以有效提升审计整改质量，这表明互联网发展可以成为新时代提升审计整改质量的新动能；机制研究发现，增强人大预算监督能力、改善政府及主管部门部署和督促的态度、提高审计机关跟踪检查整改情况的工作效率是互联网发展提升审计整改质量的重要机制。异质性检验表明，互联网发展对审计整改质量的提升作用在制度环境较差、财政压力较大的地区更为显著。

本章可能的贡献和创新主要体现在以下三个方面：第一，较早聚焦于审计的"下半篇文章"，研究审计整改质量的影响因素。已有文献主要聚焦于审计的"上半篇文章"，研究审计处理质量（或审计揭示问题质量）的影响因素，鲜有文献专门聚焦于审计的"下半篇文章"，研究审计整改质量（或审计纠正问题质量）的影响因素。本章较早地专门聚焦于如何做好审计的"下半篇文章"，为破解"屡审屡犯"问题寻找新的思路与答案。第

---

① 详见http：//gdaudit.gd.gov.cn/jgdt/content/post_3275961.html?jump=true.
② 详见http：//audit.shandong.gov.cn/art/2022/4/11/art_89369_10317651.html.

二,拓宽了信息技术发展在国家审计领域的经济后果研究。已有文献关注到了信息技术发展对审计处理质量(或审计揭示问题质量)的影响(郑伟等,2020),以及新技术发展对审计证据形态、审计取证方式产生的影响(谢志华、程恺之,2023),但并未关注到信息技术发展对审计整改质量的影响,本章证实了互联网发展可以成为审计整改质量提升的新动能。第三,揭示了互联网发展提升审计整改质量的作用机制。已有研究仅是对审计整改涉及的多类主体进行了规范分析(黄溶冰,2018;沈玲,2022),本章在此基础上系统揭示了互联网发展通过影响人大、政府及主管部门以及审计机关等相关主体的行为从而提升审计整改质量的具体机制,可以为多元主体落实审计整改的责任提供有益借鉴。

8.2 理论分析与研究假说

根据路径依赖理论,技术演进有着类似于物理学中的惯性,一旦进入某一路径,就可能对这种路径产生依赖,惯性的力量会使对其技术的选择不断进行自我强化。随着互联网技术的快速发展,各类主体的生产、交换、分配和消费等经济活动开始更加依赖互联网这一新的路径(侯汉坡等,2010)。审计整改是一项系统工程,涉及多方主体(王扬,2020),除被审计单位以外,还包括党委、人大、政府及主管部门、审计机关等诸多主体,这些主体的行为会受到互联网发展这一技术路径的深刻影响。正所谓"党政军民学、东西南北中,党是领导一切的",由于党的领导是全方位的,本章专门分析互联网发展如何影响人大、政府及主管部门、审计机关等主体在审计整改中的行为。理论模型如图8-1所示。

第一,互联网发展为人大加强对审计整改情况的监督提供了有力支持。审查批准政府预算决算、监督预算执行,是宪法和法律赋予全国人大及其常委会的重要职责。一方面,对审计整改情况进行监督是人大预算监督的重要内容。在立法机关对政府的各种监督中,预算监督是最有效的手段(穆勒,2007)。只有与公共预算结合起来,立法机关才能对政府开展实质性的问责（马骏，2011）。在现代各国，预算监督权都是立法机构监督政府的最重要的工具，立法机构的预算监督也自然成为建立负责型政府的关键手段（林慕华、马骏，2012）。人大对审计整改情况的监督是实现人大预算监督链条完整性的最后一环，也是充分发挥人大预算监督职责的法定要求（山雪艳，2018）。2015年，中共中央办公厅转发中共全国人大常委会党组《关于改进审计查出突出问题整改情况向全国人大常委会报告机制的意见》；2020年，全国人大常委会印发《关于进一步加强各级人大常委会对审计查出突出问题整改情况监督的意见》。中共中央办公厅在2018年印发的《关于人大预算审查监督重点向支出预算和政策拓展的指导意见》提出人大对预算部门的审查监督重点包括"审计查出问题整改落实情况"。2021年4月修订的《全国人民代表大会常务委员会关于加强中央预算审查监督的决定》在第九部分也提出要"加强审计查出问题整改情况的监督工作"。另一方面，信息化是人大预算监督能力的重要体现。在国际上，立法机构的技术能力可以有效提升预算监督效能（Lienert，2013；Santiso、Varea，2013），立法机关可用的监督工具成为其预算监督能力的重要体现（Stapenhurst et al.，2019）。在国内，信息能力是人大预算监督能力的构成要素之一（林慕华，2016），信息系统建设则是新时代人大预算监督能力的重要指标（樊丽明等，2022）。有学者构建了人大预算监督的信息能力分析框架，研究发现大数据提升了人大预算监督能力（Niu、Lin，2020）。因此，地方人大及其常委会运用互联网，可以及时、准确、全面地了解到预算执行信息，从而在预算监督中具有更强的自主性（林慕华，2016），人大运用数据分析技术对被审计单位专题汇报的审计整改情况进行核实，以验证审计整改情况的真实性和有效性。与此同时，人大常委会借助信息化手段进行"在线监督"，可以把对经费使用的监督延伸到对工作的监督，提升工作效能（王维国、陈佳美思，2023）；特别是对涉及审计整改情况的预算信息进行实时分析，可以动态掌握被审计对象的整改进度和整改效果，为在听取和审议被审计单位就审计查出突出问题的整改情况报告时进行质询做好必要准备。此外，在闭会期间，人大代表运用移动互联网可以实时登录履职平台，与人大常委会及专门工作委员会就审计整改情况保持良好的沟通和互动，实现人大代表远程参与人大常委会对审计查出突出问题整改情况监督的功能。

第二,互联网发展改善了各级政府及主管部门部署和督促被审计单位落实审计整改和公开整改情况的态度和意愿。2014年出台的《国务院关于加强审计工作的意见》明确提出,被审计单位的主要负责人是整改第一责任人,并强调了各级政府及主管部门在部署和督促审计整改中的职责。其一,政府开展的"互联网+督查"已将审计整改纳入督查范围。"互联网+督查"借助互联网等信息技术的优势,克服了传统行政督查模式的弊端,是一种分散式发现线索、集中式反馈问题、及时性回应诉求、溯源式深度治理和全过程进行问责的技术督查新机制(陈水生,2020)。以国务院为例,为了提高督查效率,在2019年就开通了"互联网+督查"平台,专门在线征集严重的问题线索或重要的意见建议,其中就包括政府及其有关部门、单位不作为、慢作为、乱作为的问题线索。毫无疑问,对审计发现问题的拒不整改、选择性整改和敷衍整改正是不作为、慢作为、乱作为的典型代表,应当纳入"互联网+督查"的重点范围。可见,"互联网+督查"这一技术督查新机制的实施,将有力改善各级政府部署审计整改落实工作的态度。其二,被审计单位的主管部门会将"互联网+政务服务"有效运用于审计整改落实的督促工作中。国务院在2021年12月印发的《"十四五"数字经济发展规划》中就明确提出要提高"互联网+政务服务"效能。相比传统的政务服务模式,"互联网+政务服务"可以打通信息壁垒和信息孤岛(陈文,2016)。对"有力无心"的被审计单位主管部门而言,虽然有督促整改的技术和能力,但是缺少激励和关注。"互联网+政务服务"是政府年度考核的一项重要内容,主管部门对被审计单位的督促整改表现自然也是政府年度考核的重要方面。如果在"互联网+政务服务"的考核中发现主管部门没有及时有效督促被审计单位落实整改问题,主管部门的声誉和形象将会受到影响。可见,"互联网+政务服务"的考核机制将有效激励主管部门督促被审计单位的整改工作。此外,由于互联网具有传播速度快、范围广和碎片化的特征,逐渐成为社会公众表达诉求的重要平台,随时可能引发网络舆情(刘炳香,2022);虚假整改或者"数字整改"一旦引发网络舆情,主管部门也将会面临更加严重的信任危机。作为"理性经济人"的主管部门为了避免出现网络舆情以及信任危机，会主动督促被审计单位做好整改落实工作。

第三，互联网发展可以提升审计机关跟踪检查整改情况的工作效率。2021年6月出台的《"十四五"国家审计工作发展规划》专门提出要"加强审计整改信息化建设"。审计整改信息化是指将审计发现的问题及其整改进度、整改结果运用等相关信息收集、整合到信息平台，用以进行数据分析从而不断规范整改流程、提升整改效率的过程（深圳市审计局审计整改"三化"机制研究课题组，2022）。互联网等信息技术的普及和推广，既可以减少审计人员的工作量，也可以拓宽审计证据的来源，进而提升审计效率（张立民和许钊，2014）。审计机关信息化建设也会潜移默化地影响审计人员的工作习惯和思维方式（王智玉，2011）。互联网等信息技术可以提高审计机关和审计人员在跟踪检查整改落实中的领导决策效率、组织协调效率、团队沟通效率以及个人工作效率。其一，通过建立审计整改台账，审计机关负责人可以实时掌握本地区近年来的全部审计整改情况，根据审计整改的资金额度、轻重缓急来锁定需要密切跟踪的重点审计整改事项，提升科学制订、动态调整审计整改跟踪工作计划的决策效率。其二，审计项目组负责人通过审计整改管理信息系统，可以实时掌握审计发现问题的整改进度和整改效果，及时作出分析和研判，进而提升动态调整审计整改期限以及优化整改督促工作组成员构成的组织效率。其三，通过联网审计分析系统和审计结果运用分析系统，审计项目负责人与项目组成员能够就审计整改督促情况进行及时、高效的交流，提升督促审计整改工作中的沟通效率。其四，标准化的审计软件和网络共享库等有助于提升审计人员对审计整改证据的收集和处理效率，从而促进个人工作效率的提升。总的来讲，在跟踪检查的准备阶段，审计整改信息化的一个显著特征就是通过实行清单化管理，实现"问题清单"与"整改清单"全面对接，确保整改数据采集的准确性和完整性。在跟踪检查的实施阶段，审计机关可以通过设置和更新"整改台账"的方式，及时了解和督促被审计单位对审计整改的落实情况。

综上，基于审计整改工作涉及的多元治理主体视角来看，互联网发展可以增强人大的预算监督能力、改善政府部署及主管部门督促审计整改的态度和意愿，以及提高审计机关和审计工作人员的工作效率，从而提升审计整改质量。基于以上分析，本章提出如下假说：

H8-1：在其他条件不变的情况下，互联网发展水平越高，审计整改质量越好。

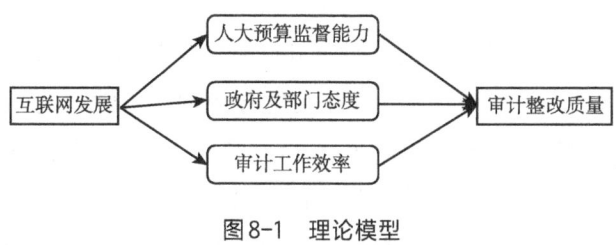

图 8-1　理论模型

8.3　研究设计

8.3.1　样本选取和数据来源

本章选取 2012 至 2021 年的中国 31 个省级行政地方的面板数据，共计 310 个样本，由于个别样本数据缺失，最终确定的样本数为 308。互联网发展的相关数据来自《中国互联网络发展状况统计报告》及"宽带中国"示范城市建设和人大预算联网监督平台建设的相关公开资料，审计整改质量以及相关的审计数据来自《中国审计年鉴》，需要说明的是，2023 年 9 月出版的《中国审计年鉴（2022）》统计的是审计机关 2021 年的数据，因此本章的样本区间为 2012—2021 年。实证部分用 Stata16.0 进行分析处理。

8.3.2　研究变量的选取

（1）被解释变量。

审计整改质量（*Rectify*）。审计整改是指对审计揭示问题的纠正或整改，本章借鉴池国华等（2018）、武恒光等（2019）、喻开志等（2020）的做法，使用审计促进有关问题金额的已落实情况来衡量审计整改质量，具体包括已上缴财政、已减少财政拨款或补贴、已归还原渠道资金和已调账处理金额，本章对以上金额的汇总数取自然对数。

（2）解释变量。

互联网发展（Int）。互联网本身是一种重要的资源要素，本章借鉴郭家堂和骆品亮（2016）的做法，将各地区互联网站总数除以法人单位总数衡量互联网发展水平。为了解决互为因果可能导致的内生性问题，将互联网发展水平的滞后一期作为核心解释变量进行回归。需要说明的是，由于《中国互联网络发展状况统计报告》自2020年以后不再更新"网站数"这一指标，使用互联网发展（Int）进行回归的样本区间为2012—2019年。在稳健性检验中，本章使用其他指标对互联网发展进行衡量，以将数据更新至2021年。

（3）控制变量。

本章借鉴池国华等（2018）、郑伟等（2020）、上官泽明和赵晓艳（2021）、褚剑和陈骏（2021）的做法，选取以下控制变量：

①经济发展水平（$Gdppc$）。经济发展水平越高，以税收为主的财政收入规模会越大，审计发现问题的资金额度会越多，审计整改涉及的资金额度也会越多。本章使用各省的人均GDP来衡量经济发展水平。

②对外开放情况（$Open$）。对外开放有利于倒逼和推动政府的行政管理改革（刘建丽，2019），自然也会推动审计整改工作的开展。本章使用外商投资水平来衡量对外开放程度，具体做法是将外商投资企业投资总额（亿元）按当年汇率折算成人民币金额后再取对数。

③政府规模（Gov）。政府规模越大，意味着政府支出金额越大，审计越容易发现更多问题，审计整改涉及的资金额度也会越多。本章使用财政支出与GDP的比值来衡量政府规模。

④教育水平（$Lnedu$）。教育水平越高，越有利于提高当地的人口素质，审计机关与被审计单位就审计整改的沟通与交流越顺畅，越有利于促进被审计单位的整改落实。本章使用每十万大学生在校生的自然对数来衡量教育水平。

⑤人口规模（Lnpop）。人口规模会对本地政府的治理成本和治理态度产生影响，自然也会影响到审计整改质量。本章使用各省年末常住人口的自然对数来衡量人口规模。

⑥审计人员的相对工资待遇（Wage）。从审计投入和产出的视角来看，审计人员的工作待遇可以视为投入，审计揭示问题和督促问题整改可以视为其产出；同时，审计人员的相对工资待遇能够体现审计人员享受到的物质激励，会对审计整改质量产生影响。本章使用公共管理和社会组织的平均工资与该地区平均工资之比来衡量审计人员的相对工资待遇。

⑦被审计单位数（Lnnum）。各省每年的被审计单位数量不同，被审计单位数量越多，审计发现问题可能越多，审计整改事项和金额可能也随之越多。本章对被审计单位数取自然对数。

变量的具体情况如表8-1所示。

表8-1 变量的具体情况

变量名称	变量符号	变量定义和说明
审计整改质量	Rectify	已上缴财政、已减少财政拨款或补贴、已归还原渠道资金和已调账处理金额之和的自然对数
互联网发展	Int	网站数与法人单位数之比的滞后一期
经济发展水平	Gdppc	各省人均GDP
对外开放程度	Open	外商投资企业投资总额（亿元）按当年汇率折算成人民币之后取对数
政府规模	Gov	财政支出与GDP的比值
教育水平	Lnedu	每十万大学生在校生数的自然对数
人口规模	Lnpop	年末常住人口的自然对数
审计人员相对工资	Wage	公共管理和社会组织的平均工资与该地区平均工资之比
被审计单位数	Lnnum	被审计单位个数的自然对数

8.3.3 实证模型的设计

基于前文的研究假说，本章构建模型（8-1）进行实证研究。其中，$Rectify_{i,t}$表示i省份t时期的审计整改质量；$Int_{i,t-1}$代表i省份$t-1$时期的互联网发展水平，$Control_{i,t}$ 代表影响审计整改质量的经济发展水平、对外开放程度、政府规模、教育水平、人口规模、审计人员相对工资、被审计单位数等其他因素；γ_i 和 δ_t 分别代表个体效应和时间效应。模型还在省份层面进行聚类处理，以解决可能存在的自相关问题对回归标准误的影响。

$$Rectify_{i,t} = \alpha_0 + \alpha_1 Int_{i,t-1} + \sum \alpha_j Control_{i,t} + \gamma_i + \delta_t + \varepsilon_{i,t} \quad (8-1)$$

8.4 实证分析

8.4.1 描述性统计分析

表8-2列出了各主要变量的描述性统计结果，其中，审计整改质量（Rectify）的均值为13.976，最小值为6.628，最大值为16.440，标准差为1.303，这表明我国各省份审计整改质量存在较大差异。互联网发展（Int）的均值为0.186，最小值为0.032，最大值为0.984，标准差为0.185，这表明各省份互联网发展水平整体较高，但是各省份之间仍然有一定的差距。控制变量层面，经济发展水平（Gdppc）的最小值为1.971，最大值为18.753，标准差为2.883，这与现实情况相符；教育水平（Lnedu）的均值为7.862，标准差为0.288，最小值为7.033，最大值为8.619，这与各省份的高等教育水平显示相符；政府规模（Gov）的均值为0.280，最小值为0.105，最大值为1.379，标准差为0.198，说明不同省份的政府规模差别较大；各省审计人员的相对工资待遇（Wage）的均值为1.074，说明在整体上审计人员待遇与该地区平均工资水平相差不大，最小值为0.739，最大值为1.545，说明不同省份之间审计人员的相对工资待遇存在一定差异。

表8-2　　　　　　　　　描述性统计结果

变量	样本量	均值	标准差	最小值	中位数	最大值
Rectify	308	13.976	1.303	6.628	14.175	16.440
Int	247	0.186	0.185	0.032	0.131	0.984
Lnkddk	308	7.181	1.027	3.285	7.335	9.066

续表

变量	样本量	均值	标准差	最小值	中位数	最大值
Gdppc	308	5.984	2.883	1.971	5.132	18.753
Open	308	8.619	1.555	4.268	8.630	12.585
Gov	308	0.280	0.198	0.105	0.229	1.379
Lnedu	308	7.862	0.288	7.033	7.831	8.619
Lnpop	308	8.137	0.830	5.730	8.252	9.448
Wage	308	1.074	0.154	0.739	1.043	1.545
Lnnum	308	7.953	0.964	4.263	8.174	9.759

8.4.2 实证结果分析

实证结果如表8-3所示。列（1）为没有控制时间固定效应、个体固定效应且没有加入控制变量的回归结果，$L.Int$的系数为0.817且在10%的水平上显著，初步表明互联网发展能提升审计整改质量。列（2）至列（4）为逐步控制时间固定效应、个体固定效应以及控制变量后的回归结果，$L.Int$的系数都在1%的水平上显著，且调整后R^2在逐渐增大，这表明模型的解释水平在逐渐提升。在列（4）中，$L.Int$的系数为1.451，且在1%的水平上显著，这验证了假说H8-1，即互联网发展水平越高，越能提升审计整改质量，这表明互联网发展可以成为审计整改质量提升的新动能。

表8-3　　　　　　　　　实证结果

变量	（1）Rectify	（2）Rectify	（3）Rectify	（4）Rectify
L.Int	0.817* (1.968)	1.531*** (3.639)	1.461*** (3.684)	1.451*** (3.317)
Gdppc				−0.092 (−1.011)
Open				−0.191 (−1.006)
Gov				−7.115 (−1.295)

续表

变量	（1）Rectify	（2）Rectify	（3）Rectify	（4）Rectify
Lnedu				−0.228 （−0.169）
Lnpop				−0.127 （−0.062）
Wage				−0.118 （−0.180）
Lnnum				1.038*** （4.848）
时间固定	NO	NO	YES	YES
省份固定	NO	YES	YES	YES
Cons	13.753*** （103.282）	13.620*** （174.220）	13.305*** （105.604）	11.569 （0.525）
N	247	247	247	247
R^2	0.012	0.015	0.145	0.250
调整后R^2	0.008	0.011	0.116	0.201
F	3.872	13.246	4.612	12.570

注：***、**、*分别表示1%、5%、10%的显著性水平。括号内为t值。标准误为省份层面的聚类稳健标准误，下同。

8.5 稳健性检验

8.5.1 替换变量

（1）替换自变量。

第一，互联网发展既表现在资源的供给方面，也表现在用户的需求方面。本章使用需求方面的互联网宽带接入端口数取对数作为互联网发展的替代指标。具体而言，本章借鉴赵星（2022）、马平平等（2024）的做法，使用滞后一期的互联网宽带接入端口的自然对数（$L.lnkddk$）来衡量，将数据更新至2021年，回归结果见表8-5的列（1），$L.lnkddk$的回归系数为0.929且在10%的水平上显著，这表明实证结果有很强的稳健性。

第二，考虑到互联网发展是一项较为复杂的系统工程，单一指标可能无法全面客观地刻画互联网发展水平。本章借鉴黄群慧等（2019）、韩先锋等（2019）、李万利等（2023）使用全局主成分分析方法合成互联网综合指标的做法，选取了互联网普及、互联网基础设施、互联网信息资源和商务应用这四大维度的十个指标，测算各省互联网发展的综合水平（Int_com），具体如表8-4所示。由于CNNIC历年发布的《中国互联网络发展状况统计报告》以及《中国统计年鉴》中的各省互联网普及率、网民人数的披露时间截至2016年，互联网发展综合指标的样本区间为2011—2016年。

表8-4　　　　　　　　互联网发展的综合指标体系

一级指标	二级指标	指标解释
互联网普及	互联网普及率	体现省际互联网普及程度
	网民总数（万人）	衡量省际互联网服务需求能力
互联网基础设施	光缆路线长度（公里）	反映省际光纤基础设施投资建设情况
	域名数（万个）	描述省际域名资源配置情况
	互联网宽带接入端口（万个）	体现省际互联网接入设备的建设水平
	网站总数与法人单位数之比	刻画省际互联网信息资源的配置水平
互联网信息资源	网页数（万个）	反映省际互联网信息资源的丰富程度及多寡
	信息传输、软件和信息技术服务业城镇单位就业人员（万人）	反映互联网相关行业从业人员供给情况
互联网商务应用	电信业务总量（亿元）	衡量省际电信通信服务水平
	快递量（万件）	反映省际网购产业的发展水平

以上述指标体系为基础，本章利用全局主成分分析方法构造互联网发展水平的综合指标。为了消除以上十个指标的不同量纲带来的差异对综合指标准确度和可信度的影响，我们先对以上数据进行标准化处理，处理后的全部数据都通过了Barlett的球形度检验，且KMO检验值为0.816，根据主成分特征值计算的累计贡献率也达到了78.61%，说明本章选取的综合变量可以很好地代表全部指标。为了便于后续研究，本章将测算的互联网综

合发展得分按照模型（8-2）进行标准化处理，保证取值范围是[0, 1]，得到互联网发展水平的衡量指数。其中，S_i为省份i的互联网发展综合得分，$Max(S_i)$和$Min(S_i)$分别为互联网发展综合得分的最大值和最小值。实证结果见表8-5的列（2），互联网发展的综合指标L.Int_com的系数显著为正，这表明实证结果有较强的稳健性。

$$Int_i = \frac{S_i}{Max(S_i) - Min(S_i)} \times 0.4 + 0.6 \qquad (8-2)$$

第三，本章将采用"宽带中国"试点的数字基础设施升级作为外生的政策冲击，构建双重差分模型来进行研究，以增强稳健性检验。互联网发展离不开网络基础设施的支撑，互联网技术水平的提升和互联网服务的供给都依赖于网络基础设施的发展，同时，这一政策试点的扩容式特征，为研究互联网发展对审计整改质量的提升作用提供了外生的准自然实验研究策略。实证结果见表8-5的列（3），L.BCP的回归系数为0.464且在10%的水平上显著，这表明实证结果有很强的稳健性。

表8-5　　　　　　　　替换变量的实证结果一

变量	（1）Rectify	（2）Rectify	（3）Rectify
L.lnkddk	0.929* （1.740）		
L.Int_com		4.402* （1.997）	
L.BCP			0.464* （1.982）
控制变量	YES	YES	YES
时间固定	YES	YES	YES
省份固定	YES	YES	YES
Cons	7.109 （0.442）	66.265 （1.050）	7.103 （0.463）
N	308	185	308
R^2	0.282	0.256	0.281
调整后R^2	0.240	0.199	0.239
F	10.349	14.069	9.597

（2）替换因变量。

第一，考虑到各地审计机关作出的审计处理金额在规模上有所差异，本章借鉴黄溶冰和乌天玥（2016）、潘俊等（2019）的做法，使用"（已上缴财政资金+已减少财政拨款或补贴+已归还原渠道资金+已调账处理金额）/（应上缴财政资金+应减少财政拨款或补贴+应归还原渠道资金+应调账处理金额）"来衡量审计整改质量（$Rectify1$），结果见表8-6中的列（1），再次表明实证结果有较强稳健性。

第二，审计发现的严重问题会涉及审计移送，本章借鉴黄溶冰（2017）的做法，使用（司法机关、纪检监察机关和有关部门处理的涉案人员或涉及人员）/（移送司法机关、纪检监察机关、有关部门人数）[1]对审计整改质量进行衡量（$Rectify2$），结果见表8-6中的列（2），与主回归结果一致，表明实证结果有很强的稳健性。

第三，由于不同地区的被审计单位数往往存在着差异，即考虑到不同地区的审计项目任务数存在差异，本章借鉴已有文献的做法（潘俊等，2019；张琦、孙旭鹏，2021；周敏李等，2021），消除地区被审计单位数的差异造成的影响，使用"（已上缴财政资金+已减少财政拨款或补贴+已归还原渠道资金+已调账处理金额）/被审计单位数"这一相对值来衡量审计整改质量（$Rectify3$），结果见表8-6中的列（3），与主回归结果一致，表明实证结果有很强的稳健性。

第四，由于审计机关所在地区的财政支出情况存在着较大差异，本章借鉴已有文献的做法（徐超等，2020；庞保庆等，2020；叶陈刚等，2021），继续在上一步做法的基础上使用财政支出情况对审计整改情况进行标准化处理，以消除财政支出情况差异造成的影响，以"（已上缴财政资金+已减少财政拨款或补贴+已归还原渠道资金+已调账处理金额）/审计单位数/一般财政支出"来衡量审计整改质量（$Rectify4$），结果见表8-6中的列（4），仍与主回归结果一致，表明实证结果稳健性较强。

---

[1] 由于2012—2022年公布的《中国审计年鉴》中司法机关、纪检监察机关、有关部门处理的涉案人员或涉及人员的部分数据缺失，以及移送司法机关、纪检监察机关、有关部门人数数据的缺失，样本数为228。

表8-6　　　　　　　　　替换变量的实证结果二

变量	(1) Rectify1	(2) Rectify2	(3) Rectify3	(4) Rectify4
L.Int	0.600* (1.751)	2.345* (1.942)	0.195*** (5.453)	0.346*** (4.513)
控制变量	YES	YES	YES	YES
时间固定	YES	YES	YES	YES
省份固定	YES	YES	YES	YES
Cons	4.048 (0.581)	61.911 (0.956)	−0.749 (−0.502)	1.114 (0.387)
N	247	228	247	247
R^2	0.081	0.138	0.256	0.154
调整后R^2	0.021	0.077	0.207	0.099
F	6.092	2.798	15.816	5.052

8.5.2　门槛模型检验

已有研究发现互联网发展会带来网络效应（韩先锋等，2019），换言之，互联网发展的作用发挥会随着互联网水平的提高而不断增强。随着互联网技术使用的范围不断扩大和程度不断加深，信息获取、传递和加工等环节的边际成本也在不断降低，可能也会对审计整改质量产生网络效应。也就是说，互联网发展与审计整改质量之间可能也并非简单的线性关系，互联网发展对审计整改质量的影响可能会随着互联网发展水平的提高而发生变化。因此，本章构建面板门槛模型进行回归，以互联网发展水平为门槛变量（q_{it}），划分不同的互联网发展阶段，假定门槛值为λ，当$q_{it} \geq \lambda$时，I为1，否则为0。在考虑单一门槛的基础上，将模型扩展至双重门槛，具体见模型（8-3）：

$$Rectify_{i,t} = \alpha_0 + \alpha_1 Int_{i,t-1} \times I(q_{it} \leq \lambda) + \alpha_2 Int_{i,t-1} \times I(q_{it} > \lambda) \\ + \sum \alpha_j Control_{i,t} + \gamma_i + \delta_t + \varepsilon_{i,t} \quad (8-3)$$

Hansen（1999）的门槛回归理论认为，对于给定的门槛值λ，可以对模型的参数估计得到残差平方和，残差平方和越小，λ越接近真实的门槛值，因此，我们根据模型的拟合情况确定最佳的分界点。由表8-7的门槛效应回归结果表明，单一门槛估计值为0.0377的F统计量的值为14.13，P值为0.120，没有通过检验；进一步考虑双重门槛模型，门槛值分别为0.0377和0.0450，P值为0.407，这表明模型中并不存在双重门槛，互联网发展与审计整改质量并不存在转折点，两者之间的关系是线性的，模型（8-1）中将互联网发展对审计整改质量的影响设置为线性是合理的。

表8-7　　　　　　　　　　门槛模型检验

	门槛值	F值	P值	置信区间
单一门槛检验	0.0377	14.130	0.120	[0.0331, 0.0404]
双重门槛检验	0.0450	6.470	0.407	[0.0440, 0.0456]

8.5.3　使用Bootstrap方法重复随机抽样

为减少省级层面的样本量较小带来的估计偏误，本章使用Bootstrap方法重复随机抽样1000次，进行稳健性检验。Bootstrap方法是通过自举法进行有放回的重复抽样生成子样本的过程，其优点在于能够克服样本总体分布未知，或者总体样本分布与正态分布存在明显偏离所造成的估计误差，通常用于样本量较小或样本元素差异较大的情况，能够起到对估计结果进行矫正的效果。回归结果如表8-8的列（1）和列（2）所示，重复随机抽样的结果与主回归结果并无实质性差异，表明实证结果具有较强的稳健性。

8.5.4　使用市级层面样本

考虑到省级层面的样本量相对较小会影响实证结果的稳健性。本章将样本扩充至市级层面来进行研究。《中国审计年鉴（2019—2020）》（对应的是2018—2019年度的审计情况）中"各省所辖县（市、区）审计工作统计表"中增加了"审计促进整改落实有关问题金额（万元）"这一指标数据。由于市级层面的互联网指标范畴相对较小，考虑到数据的可得性，本章借鉴黄群慧等（2019）基于互联网应用和产出角度的做法，从互联网普及、互联网相关从业人员、互联网相关产出和移动互联网用户数四个维度衡量互联网发展水平。其中，互联网普及采用互联网宽带接入用户数代理，互联网相关从业人员采用计算机服务和软件业从业人员占单位从业人员比重代理，互联网相关产出采用电信业务收入代理，移动互联网用户数采用移动电话数代理。本章在将上述四个指标进行了标准化处理的基础上，用主成分分析方法综合成市级层面的互联网综合发展指数（$City\_Int\_com$）；审计整改质量使用审计促进整改落实有关问题资金的自然对数衡量；其他控制变量与省级层面的主回归一致。回归结果如表8-8中的列（3）所示，再次证明本章的研究结论具有很强的稳健性。

表8-8 使用Bootstrap方法以及使用市级层面样本的回归结果

变量	（1）抽样1000次 Rectify	（2）抽样1000次 Rectify	（3）市级层面样本 Rectify
$L.Int$	1.451* （1.711）		
$L.Int\_com$		4.402* （1.658）	
$City\_Int\_com$			1.682*** （7.492）
控制变量	YES	YES	YES
时间固定	YES	YES	YES
省份固定	YES	YES	YES
城市固定			YES
$Cons$	11.569 （0.482）	66.265 （0.929）	24.150** （2.363）
N	247	185	439
R^2	0.250	0.256	0.163
调整后R^2	0.082	0.029	0.146
F	95.173	84.10	11.273

8.5.5 缓解内生性问题

(1) 考虑遗漏重要变量的影响。

考虑到可能遗漏一些重要的控制变量,本章从以下两个方面增加相关控制变量进行回归,以缓解潜在的内生性问题。

第一,考虑了审计机关负责人的任期等个人特征的影响。王艳艳等(2020)研究发现,政府审计官员的任期会对当地国有企业的资产保值增值产生影响;上官泽明和赵晓艳(2021)也发现,省级审计机关负责人任期以及其他任职特征会对审计功能发挥产生影响。本章在模型(8-1)中加入审计机关负责人的任期($Tenure$)、年龄(Age)和学历($Degree$)等变量进行回归。由于审计机关负责人的信息有所缺失,共有样本数据226个,回归结果见表8-9中的列(1),$L.Int$的回归系数依然显著,这说明在排除审计机关负责人的任期、年龄和学历等个人特征的影响后,研究结论依然保持不变。

第二,考虑了省长或省委书记变更的影响。根据地方政府领导班子的任务分工,审计机关通常是由行政首长直接领导,已有研究发现,地市级层面的行政首长更替会显著影响本地的财政资金审计力度(庞保庆等,2020)。同时,根据2018年的党和国家机构改革要求,各级党委也成立了审计委员会,由地方党委书记兼任审计委员会主任。为了排除省级行政首长或党委书记的更替可能对审计整改质量产生的影响,本章在模型(8-1)中继续加入省级行政首长或党委书记是否更替的虚拟变量($Gchange$),结果见表8-9的列(2)。列(2)中,$L.Int$的回归系数显著,这说明在继续排除省级行政首长或党委书记更替产生的影响后,研究结论依然保持不变。

第三,考虑了地方治理能力的影响。在地方治理能力较强的地方,互联网发展水平往往也比较高,而治理能力的差异也导致审计整改质量的差异,为缓解可能遗漏地方治理能力这一重要变量产生的内生性问题,本章继续加入地方治理能力这一控制变量进行研究。已有文献在衡量地方治理能力时,多是使用北京师范大学政府管理研究院和江西师范大学管理决策评价中心联合发布的《中国省级地方政府效率研究报告》中的政府治理效率(谢柳芳等,2019;陈骏、单美贤,2022)。本章也借鉴这一思路,使用政府治理效率的排名来衡量地方政府治理能力。需要说明的是，《中国省级地方政府效率研究报告》在2012—2016年公布了31个省级政府效率数据，2017年则仅公布了省级政府效率20强的标准化值及排名，2018年和2019年则仅公布了省级政府效率10强的标准化值及排名，为了尽可能使用更多的有代表性的样本进行研究，本章选用了2012—2016年公布的31个样本，以及2017年公布的20强样本，合计175个样本。将地方政府治理能力（LGC）这一控制变量代入模型（8-1）中进行回归，结果见表8-9中的列（4）和列（6），L.Int的回归系数仍然显著，这说明在排除地方治理能力（LGC）产生的影响后，研究结论依然保持不变。

第四，考虑了地方法治水平的影响。为了解决可能遗漏地方法治水平导致的内生性问题，本章使用王小鲁等（2021）的市场化指数的子指标"市场中介组织的发育与法治环境"的排名作为地方法治水平（RLL）的衡量指标，将其作为控制变量加入模型（8-1），结果见表8-9中的列（3）、列（5）和列（6），L.Int的系数依然显著为正，这说明在排除地方法治水平（RLL）产生的影响后，研究结论依然保持不变。

表8-9　　　　　　　考虑遗漏重要变量的检验结果一

变量	（1）Rectify	（2）Rectify	（3）Rectify	（4）Rectify	（5）Rectify	（6）Rectify
$L.Int$	1.401*** (3.373)	1.380*** (3.333)	1.403*** (3.385)	1.714*** (2.165)	1.302*** (3.389)	1.900** (2.366)
其他控制变量	YES	YES	YES	YES	YES	YES
$Tenure$	0.006 (0.267)	0.008 (0.345)			0.010 (0.415)	-0.037 (-1.225)
Age	-0.011 (-0.497)	-0.013 (-0.610)			-0.016 (-0.777)	0.010 (0.521)
$Degree$	0.237 (1.187)	0.214 (1.093)			0.266 (1.411)	0.120 (0.550)
$Change$		-0.130** (-2.192)			-0.115* (-1.836)	-0.068 (-0.777)
RLL			0.019 (0.824)		0.050** (2.221)	0.021 (0.713)

续表

变量	（1）Rectify	（2）Rectify	（3）Rectify	（4）Rectify	（5）Rectify	（6）Rectify
LGC				0.023（0.174）		0.117（0.945）
时间固定	YES	YES	YES	YES	YES	YES
省份固定	YES	YES	YES	YES	YES	YES
Cons	3.068（0.134）	4.082（0.177）	9.400（0.431）	−7.008（−0.263）	−2.638（−0.124）	−29.319（−1.057）
N	226	226	247	174	226	163
R^2	0.242	0.250	0.254	0.286	0.272	0.286
调整后R^2	0.176	0.180	0.202	0.223	0.201	0.191
F	14.120	15.325	11.947	29.632	17.410	20.391

第五，考虑了各地区审计力量的影响。考虑到各地区的审计力量可能会对审计整改质量产生影响，本章将继续增加与审计力量相关的变量作为控制变量进行稳健性检验。其一，审计机关的人员数量是审计力量的最直观体现。为了排除审计机关人员数量可能对审计整改质量产生的影响，本章将审计机关人员数（APN）作为控制变量加入模型（8-1），具体是使用审计机关人员数的自然对数进行衡量，回归结果见表8-10中的列（1）和列（3），L.Int的系数依然显著为正，这说明在排除审计机关人员数（APN）产生的影响后，研究结论依然保持不变。其二，审计机关的信息化建设水平是审计力量在数字化时代的最有力体现。已有研究发现，信息化建设有利于提高审计监督质量（郭檬楠等，2023），这自然也会影响到审计整改质量。为了排除审计机关信息化建设（INV）可能对审计整改质量产生的影响，本章在模型中继续加入审计机关信息化建设（INV）这一变量，具体是以"审计信息化建设支出/项目支出"作为其衡量指标①，回归结果见表8-10中的列（2）和列（3），L.Int的系数依然显著为正，这说明在排除审计机关信息化建设（INV）产生的影响后，研究结论依然保持不变。

---

① 由于目前审计机关信息披露的审计信息有限，有关省级审计机关信息化建设实际情况的具体数据较难获取，部分数据存在缺失，因此选取2013—2019年的审计机关信息化建设数据，样本量为151。

表8-10　　　　　　　考虑遗漏重要变量的检验结果二

变量	（1）Rectify	（2）Rectify	（3）Rectify
L.Int	1.450*** （3.315）	1.637*** （2.974）	1.636*** （2.977）
其他控制变量	YES	YES	YES
APN	0.024 （0.106）		0.258 （1.571）
INV		−0.223 （−0.346）	−0.214 （−0.328）
时间固定	YES	YES	YES
省份固定	YES	YES	YES
Cons	11.371 （0.534）	−7.318 （−0.327）	−7.878 （−0.350）
N	247	151	151
R^2	0.250	0.197	0.197
调整后R^2	0.198	0.108	0.101
F	13.505	9.427	10.335

（2）使用工具变量。

由于可能依然会遗漏一些难以有效衡量的控制变量，以及存在的反向因果关系，为继续缓解可能的内生性问题，本章将使用工具变量进行研究。邮政业务是互联网发展导入的前期基础，邮局网点的布局会影响互联网基础设施的普及和发展，这满足了工具变量的相关性要求；同时，相对于互联网技术的快速发展，历史上的邮局数量难以对审计整改质量产生影响，也满足排他性要求。黄群慧等（2019）使用1984年每百万人的邮局数量作为区域互联网发展水平的工具变量，而该数据为截面数据，本章采用的是面板数据，数据形式的不匹配将会导致固定效应模型无法回归，因此本章借鉴Nunn和Qian（2014）以及袁淳等（2021）等的做法，用1984年每百万人的邮局数量与上一期互联网发展水平的交乘项作为工具变量，由于海南省和西藏自治区1984年每百万人的邮局数的缺失，样本数为232。回归结果如表8-11所示，关于工具变量的有效性，Kleibergen—Paaprk LM的统计量为

8.872，P 值为 0.0029，拒绝不可识别假说；Cragg-Donald 的 F 值为 1300.06（大于 Stock-Yogo 检验 10% 水平的临界值 16.38），拒绝弱工具变量假说；这说明工具变量的选择是有效的。两个阶段的相关系数都显著为正，这表明本章的研究结论是可靠的。

表 8-11　使用工具变量缓解内生性问题的检验结果

变量	（1）第一阶段 L.Int	（2）第二阶段 Rectify
Post	0.019*** （7.750）	
L.Int		1.864** （2.560）
控制变量	YES	YES
时间固定	YES	YES
省份固定	YES	YES
Kleibergen—Paap rk LM	Statistic = 8.872, P = 0.0029	
Cragg-Donald F	1300.06（大于 Stock-Yogo 检验 10% 水平的临界值 16.380）	
Cons	0.907** （1.978）	−5.772 （−0.466）
N	232	232
R^2	0.991	0.819
调整后 R^2	0.989	0.778
F	1380.439	25.75

（3）Heckman 两阶段。

本章继续使用 Heckman 两阶段模型缓解可能存在的内生性问题。在第一阶段，构造互联网发展水平的哑变量（Int_dum），当互联网发展水平高于中位数时，取值为 1，否则为 0，控制变量与模型（8-1）相同，并使用 Probit 估计方程计算逆米尔斯利率（IMR）。第二阶段的模型是在模型（8-1）的基础上加入逆米尔斯利率（IMR）进行，结果如表 8-12 所示，表明回归结果具有很强的稳健性。

表8-12 使用Heckman两阶段缓解内生性问题的检验结果

变量	（1）第一阶段 *Int_dum*	（2）第二阶段 *Rectify*
L.Int		1.342* （1.793）
Gdppc	−0.235** （−2.048）	−0.094 （−0.911）
Open	0.855*** （3.491）	−0.160 （−0.825）
Gov	−8.383** （−2.179）	−7.145 （−1.463）
Lnedu	1.072 （1.355）	−0.098 （−0.089）
Lnpop	0.119 （0.267）	0.087 （0.051）
Wage	−1.512 （−1.467）	−0.161 （−0.195）
Lnnum	−1.016*** （−3.327）	1.049*** （4.294）
IMR		0.142 （1.587）
时间固定	YES	YES
省份固定	YES	YES
Cons	−3.687 （−0.464）	9.850 （0.529）
N	247	247
R^2		0.833
调整后R^2（*Pseudo R²*）	0.4592	0.794
F		26.710

8.6 进一步研究

8.6.1 机制检验

前文的理论分析中提到增强人大预算监督能力、改善政府及主管部门部署和督促的态度以及提升审计工作效率是互联网发展提升审计整改质量的重要机制，因此，本章将进一步验证这些机制。关于如何检验机制，学术界有着热烈的讨论，如有学者提出在实际操作中，没有特定方法做机制分析，所有有助于阐述清楚理论逻辑和增进理论逻辑可信性的工作都可以称作机制分析①。已有文献基于变量的可观测性和可衡量性，在同一篇论文中先后使用直接方式和间接方式来验证不同的机制（宋弘、陆毅，2020；金献坤等，2023）。因此，本章在机制检验中也将使用不同的方式来进行分析。

对于改善政府及主管部门部署和督促的态度以及提升审计工作效率这两大机制而言，由于可以找到相对直接衡量的相关变量，本章借鉴 *Di Guili* 和 *Laux*（2022）、马慧和陈胜蓝（2022）使用的两阶段检验法进行检验。其基本思路是：在第一阶段首先估计自变量（X）对机制变量（M）的影响；在第二阶段，使用第一阶段得到的预测机制变量（M的估计值）对因变量（Y）进行分析。简单来看，两阶段检验方法可以通过模型（8-4）和模型（8-5）来实现，其中，M为机制变量，X为自变量，Y为因变量，M_hat为第一阶段中M的估计值；$Control$为控制变量与模型（8-1）使用的控制变量保持一致。在第一阶段的模型（8-4）中，α_1表示的是自变量（X）对机制变量（M）的影响程度，目的是得到机制变量的预测值（M_hat），即受自变量（X）驱动的机制变量（M_hat）。在第二阶段的模型（8-5）中，β_1表示的是机制变量的预测值（M_hat）对因变量（Y）的影响程度，即由自变量（X）驱动的机制变量（M_hat）对因变量（Y）产生的影响。

$$M_{i,t} = \alpha_0 + \alpha_1 X_{i,t} + \sum \alpha_j Control_{i,t} + \gamma_i + \delta_t + \varepsilon_{i,t} \quad (8-4)$$

$$Y_{i,t} = \beta_0 + \beta_1 M\_hat_{i,t} + \sum \beta_j Control_{i,t} + \kappa_i + \mu_t + \upsilon_{i,t} \quad (8-5)$$

（1）人大预算监督。

人大预算联网监督平台的建设（NPC）为互联网发展在人大预算监督方面发挥作用提供了一个准自然实验，因此，将各省份省级人大预算联网系统正式使用时间作为冲击构造了准自然实验，检验人大预算监督的信息化建设情况对审计整改质量的影响。由于各省人大预算联网监督平台建立具

---

① 详见《慎用中介效应模型做经济学机制分析》：https://mp.weixin.qq.com/s/kYV9ZhlDKh662Bq-brsxKQ。

有扩容式特征，本章构造了多期差分模型，进行实证检验，回归结果如表8-13所示，NPC的系数显著为正，结果表明人大预算联网平台的建设能够显著提升审计整改质量，也表明了互联网发展可以通过增强人大预算监督能力来提升审计整改质量。

表8-13　　　　　　　　人大预算监督的机制检验

变量	全样本 Rectify
NPC	0.311* （1.994）
控制变量	YES
时间固定	YES
省份固定	YES
Cons	10.170 （0.646）
N	308
R2	0.259
调整后 R^2	0.219
F	8.694

（2）政府及主管部门的态度。

政府及主管部门部署和督促被审计单位落实审计整改和公开整改情况的态度，可以从其对财政信息公开的意愿来进行考察。上海财经大学公共政策研究中心通过测算各地政府和部门的预决算信息披露情况，连续多年发布了《中国财政透明度报告》[①]，这些报告不仅包括财政透明度的总指数得分，还包括"一般公共预算透明度"等子指数的得分。由于地方政府更多考虑的是财政透明度的排名而非得分，财政透明度的年份间变化主要是"排序变动"在起作用（刘金东等，2019），因此，本章使用财政透明度的排名（$Att1$）、一般公共预算透明度的排名（$Att2$）作为政府及主管部门部署和

[①] 本章使用的财政透明度使用的数据源于上海财经大学发布的2013—2018版《中国财政透明度报告》中的省级面板数据，该报告对2012—2017年的财政信息公开数据进行评估，因此，总样本数为185。

督促审计整改工作态度的衡量指标。排名数越大，意味着排名越低，政府及主管部门部署和督促审计整改工作的态度越差。

本章借鉴 *Di Guili* 和 *Laux*（2022）、马慧和陈胜蓝（2022）的两阶段检验法，在第一阶段，构建模型（8-6）检验互联网发展对政府及主管部门部署和督促态度的影响，是为了得到政府及主管部门部署和督促态度的预测值（*Att_hat*），即互联网发展驱动的政府及主管部门部署和督促的态度；在第二阶段，构建模型（8-7）检验政府及主管部门部署和督促态度的估计值（*Att_hat*）对审计整改质量的影响，β_1 表示的是由互联网发展驱动的政府及主管部门部署和督促态度对审计整改质量产生的影响。回归结果如表8-14所示，列（1）和列（3）中 *L.Int* 的回归系数显著为负，表明互联网发展水平越高，政府及主管部门部署和督促态度会越好，即互联网发展能显著改善政府及主管部门部署和督促态度，列（2）和列（4）中 *Att1_hat*、*Att2_hat* 系数分别显著为负，表明与互联网发展相关的政府及主管部门部署和督促态度改善得越多（即由互联网发展驱动的政府及主管部门部署和督促态度越好），越能提高审计整改质量。表8-14的结果表明，改善政府及主管部门部署和督促态度是互联网发展提升审计整改质量的重要机制，本章通过两阶段方法为改善政府及主管部门部署和督促态度这一机制提供了直接证据。

$$Att_{i,t} = \alpha_0 + \alpha_1 Int_{i,t-1} + \sum \alpha_j Control_{i,t} + \gamma_i + \delta_t + \varepsilon_{i,t} \quad (8-6)$$

$$Rectify_{i,t} = \beta_0 + \beta_1 Att\_hat_{i,t} + \sum \beta_j Control_{i,t} + \kappa_i + \mu_t + \upsilon_{i,t} \quad (8-7)$$

表8-14　政府及主管部门部署和督促态度的机制检验

变量	（1） Att1	（2） Rectify	（3） Att2	（4） Rectify
L.Int	−20.326* （−1.983）		−14.791* （−1.739）	
Att1_hat		−0.094** （−2.258）		
Att2_hat				−0.129** （−2.258）
控制变量	YES	YES	YES	YES
时间固定	YES	YES	YES	YES

续表

变量	(1) Att1	(2) Rectify	(3) Att2	(4) Rectify
省份固定	YES	YES	YES	YES
Cons	−237.767 (−0.361)	55.495 (0.819)	−473.041 (−1.174)	16.843 (0.226)
N	185	185	185	185
R^2	0.062	0.255	0.068	0.255
调整后R^2	−0.010	0.198	0.003	0.198
F	0.799	14.669	1.589	14.669

（3）审计机关跟踪检查整改情况的工作效率。

审计工作简单概括就是审计揭示问题"上半篇文章"与审计整改"下半篇文章"，而审计工作效率在审计整改"下半篇文章"中的体现就是审计机关跟踪检查审计整改的工作效率。由于难以直接观察到审计机关跟踪检查整改情况的工作效率（对应审计整改"下半篇文章"的工作效率），本章使用更为直观的审计工作整体效率来替代。

从政策法规依据来看，"以往审计发现问题的整改情况"是每年审计的重要内容。例如，2019年7月，中共中央办公厅、国务院办公厅修订的《党政主要领导干部和国有企事业单位主要领导人员经济责任审计规定》就提出"以往审计发现问题的整改情况"是经济责任审计的重要内容。该规定在审计整改中紧盯领导干部，抓住"关键少数"（沈玲，2020），特别是审计时要关注以往审计发现的"关键少数"的整改情况。再如，2021年6月，作为中央审计委员会办公室的审计署制定的《"十四五"国家审计工作发展规划》在"十三、督促审计查出问题全面整改落实"部分专门提到"以后年度审计中也要重点关注以前年度审计整改情况"。可见，审计机关督促以往年度审计发现问题整改的情况，会体现在当年对被审计对象的审计内容之中。

从国内外最高审计机关的审计报告或审计结果公告来看，日本会计检察院为了督促被审计单位实施整改措施，会对以往审计发现问题的整改情况进行报告（李越冬等，2015）；在我国审计署公告的国家重大政策措施贯彻落实情况跟踪审计结果中，有专门的一部分用来阐述以往审计发现问题的整改情况，在一些公告的附件中还专门列示整改效果较好的事例（刘力云等，2020）。可见，审计机关督促以往年度审计发现问题整改的情况，也会体现在当年提交的审计报告之中。

总的来看，如果审计报告提交得越多，那么对以往审计发现问题的审计整改情况的公布也会越及时，这就意味着审计机关对审计整改的督促效率会更高。同时，提交审计报告的前提是完成对被审计单位的审计任务，即，审计报告提交得越多的背后是审计对象覆盖得越多。与此同时，审计机关督促以往年度审计发现问题整改的情况，会体现在当年对被审计对象的审计内容之中，也会体现在当年提交的审计报告之中。因此，"审计对象覆盖面的增长率""审计报告和专项调查报告数的增长率"两项指标在某种程度上可以体现审计机关跟踪检查整改情况的工作效率。

本章使用审计对象覆盖面的增长率（$Eff1$）、审计报告和专项调查报告数的增长率（$Eff2$）[①]来替代审计机关跟踪检查整改情况的工作效率（对应审计整改"下半篇文章"的工作效率）。

本章借鉴 $Di\ Guili$、$Laux$（2022），马慧、陈胜蓝（2022）的两阶段检验法，在第一阶段，构建模型（8-8）检验互联网发展对审计机关跟踪检查整改情况的工作效率的影响，是为了得到审计机关跟踪检查整改情况的工作效率预测值（Eff_hat），即互联网发展驱动的审计工作效率；在第二阶段，构建模型（8-9）分析审计机关跟踪检查整改情况的工作效率预测值（Eff_hat）对审计整改质量的影响，β_1表示的是由互联网发展驱动的审计机关跟踪检查整改情况的工作效率对审计整改质量产生的影响。回归结果如表8-15所示，列（1）和列（3）中$L.Int$的系数显著为正，表明互联网发展水平越高，审计机关跟踪检查整改情况的工作效率会越高，即互联网发展能显著提高审计机关跟踪检查整改情况的工作效率，这与预期一致；列（2）和列（4）中审计机关跟踪检查整改情况的工作效率预测值系数显著为正，表明与互联网发展相关的审计机关跟踪检查整改情况的工作效率提升得越多（即由互联网发展驱动的审计机关跟踪检查整改情况的工作效率越高），

---

① 由于2014年公布的《中国审计年鉴》中西藏自治区审计单位、审计报告和专项审计调查报告数据缺失，因此样本数为215。

越能提高审计整改质量。表8-15的结果表明，提升审计机关跟踪检查整改情况的工作效率是互联网发展提升审计整改质量的重要机制，本章通过两阶段方法为提升审计机关跟踪检查整改情况的工作效率这一机制提供了直接证据。

$$Eff_{i,t} = \alpha_0 + \alpha_1 Int_{i,t-1} + \sum \alpha_j Control_{i,t} + \gamma_i + \delta_t + \varepsilon_{i,t} \quad (8-8)$$

$$Rectify_{i,t} = \beta_0 + \beta_1 Eff\_hat_{i,t} + \sum \beta_j Control_{i,t} + \kappa_i + \mu_t + \upsilon_{i,t} \quad (8-9)$$

表8-15　　　　　　审计工作效率的机制检验

变量	(1) Eff1	(2) $Rectify$	(3) Eff2	(4) $Rectify$
L.Int	0.167** (2.093)		0.196* (1.733)	
Eff1_hat		7.667** (2.055)		
Eff2_hat				6.530** (2.055)
控制变量	YES	YES	YES	YES
时间固定	YES	YES	YES	YES
省份固定	YES	YES	YES	YES
Cons	−14.501*** (−2.969)	121.627** (2.076)	−2.867 (−0.526)	29.166 (1.242)
N	215	215	215	215
R^2	0.481	0.230	0.322	0.230
调整后R^2	0.444	0.176	0.274	0.176
F	8.426	12.169	19.651	12.169

8.6.2　异质性分析

（1）制度环境。

制度环境的优化有助于实现信息技术的收益递增效应（陈新，2019），已有研究也发现，制度环境的优化可以增强大数据发展对政府治理效率的提升作用（赵云辉等，2019），那么在制度环境较好时，互联网发展对审计整改质量的提升作用可能会更显著。然而，也有研究发现，与技术进步会持续向前不同，制度变革则往往具有可逆性（吴晓波，2017）；由于互联网发展具有不可逆性，不论制度环境变得更好还是变得更差，互联网技术都会持续向前发展。在制度环境较差时，互联网发展对审计整改质量的提升作用也可能会更显著。

由于制度和信息技术之间可能存在互补或替代的关系，本章将进一步研究在不同的制度环境下，互联网发展对审计整改质量的影响究竟如何。本章借鉴曹春方和邓松林（2022）的做法，使用市场化指数来衡量制度环境。回归结果如表8-16所示，相较于制度环境好的地区，互联网发展对审计整改质量的提升作用在制度环境较差的地区更为显著，并且通过组间系数差异检验，表明两组样本中互联网发展的回归系数确实存在显著差异。

表8-16　　　　　基于制度环境的异质性分析

变量	（1）制度环境较好 Rectify	（2）制度环境较差 Rectify	（3）制度环境较好 Rectify	（4）制度环境较差 Rectify
$L.Int$	1.472*** （3.897）	8.687** （2.313）		
$L.lnkddk$			−0.443 （−0.996）	3.062*** （3.154）
组间系数差异检验	P=0.008		P=0.007	
控制变量	YES	YES	YES	YES
时间固定	YES	YES	YES	YES
省份固定	YES	YES	YES	YES
Cons	−33.183* （−1.933）	32.790 （1.570）	−18.554 （−1.088）	36.791 （1.519）
N	128	119	127	119
R^2	0.403	0.386	0.386	0.432
调整后R^2	0.324	0.297	0.303	0.350
F	166.363	216.564	252.064	71.317

注：本次修改使用了更新后的数据进行分省份排名后的分组。北京国民经济研究所的《中国市场化指数数据库》①已将之前的2008—2016年和2016—2019年的两个版本数据进行了技术衔接处理，使不同时间段的指数跨年度可比。

---

① 《中国市场化指数数据库》的"数据库简介"网址为：https://cmi.ssap.com.cn/instruction?key=1.

（2）财政压力。

近年来，随着我国经济发展进入新常态，国务院先后推出了一系列减税降费政策，在财政支出不断加大的同时财政收入增速减慢，各地财政压力不断加大。特别是受疫情影响，各地财政支出矛盾日益严重，财政可持续性受到严重挑战。在财政压力不断增大的背景下，各级政府纷纷提出要大力压减一般性支出、承诺过"紧日子"和提高财政资金绩效，地方党委、人大和公众会更加关注财政资金的审计情况及其整改情况。因此，本章将进一步研究在不同的财政压力下，互联网发展对审计整改质量的影响是否有所不同。

本章借鉴蒋秋菊和孙芳城（2019）的做法，使用各省份当年的财政赤字衡量财政压力，分为财政压力较大和较小的两组样本进行研究。实证结果如表8-17所示，相较于财政压力较小的地区，互联网发展对审计整改质量的提升在财政压力较大的地区更为显著，并且通过了组间系数差异检验，这表明在财政压力大和财政压力小的两组样本中，互联网发展的回归系数存在明显差异。

表8-17　　　　　　基于财政压力的异质性分析

变量	（1） 财政压力较小 *Rectify*	（2） 财政压力较大 *Rectify*	（3） 财政压力较小 *Rectify*	（4） 财政压力较大 *Rectify*
L.Int	1.387*** （2.885）	4.033* （1.733）		
L.lnkddk			0.044 （0.105）	2.263* （1.986）
组间系数差异性检验	P=0.029		P=0.023	
控制变量	YES	YES	YES	YES
时间固定	YES	YES	YES	YES
省份固定	YES	YES	YES	YES
Cons	−30.352* （−1.851）	28.842 （1.254）	−26.547 （−1.549）	17.197 （0.915）
N	124	123	155	153
R^2	0.391	0.450	0.380	0.457

续表

变量	（1） 财政压力较小 Rectify	（2） 财政压力较大 Rectify	（3） 财政压力较小 Rectify	（4） 财政压力较大 Rectify
Adj_R^2	0.306	0.373	0.303	0.388
F	138.680	77.707	458.968	615.704

8.7 本章小结

国家审计是国家治理的重要组成部分，审计整改则是国家审计的"下半篇文章"。互联网发展已被视为推进国家治理现代化的强大动力，那么互联网发展能成为审计整改质量提升的新动能吗？本章选取省级面板数据，研究互联网发展对审计整改质量的影响。研究发现：互联网发展可以有效提升审计整改质量，表明互联网发展可以成为新时代提升审计整改质量的新动能；机制研究发现，增强人大预算监督能力、改善政府及主管部门部署和督促的态度、提高审计机关跟踪检查整改情况的工作效率是互联网发展提升审计整改质量的重要机制；异质性分析发现，在制度环境较差和财政压力较大的地区，互联网发展对审计整改质量的提升作用更显著。研究结论有助于深入理解互联网发展提升审计整改质量的效应、机制和情境，为充分利用互联网技术赋能审计整改涉及多元治理主体行为、破解"屡审屡犯"问题提供有益借鉴。

基于以上研究结论，本章得出以下政策启示：

第一，人大要充分利用联网监督系统，加强对整改情况的监督。人大的预算工作委员会和财经委员会要充分利用联网监督系统的数据资源，通过分析比对审计查出突出问题及其整改情况在历年的变化趋势以及在不同被审计单位的分布特征，增强跟踪检查、对话质询和追究问责的针对性和有效性；同时，人大也要加强与审计机关相关信息的共享，增强监督合力。

第二，政府及主管部门要通过"互联网+政务服务"提高部署和督促被审计单位整改的效能。政府在开展"互联网+督查"的过程中，要注意收集和整理社会公众在线反馈的审计整改不作为、乱作为和慢作为的线索，认真部署审计整改落实工作并按照具体要求发布到网上接受社会监督。主管部门要密切关注被审计单位的审计整改情况在互联网上引发的舆情反映，积极督促被审计单位全面、认真整改问题。

第三，审计机关要全面推进审计整改的信息化、网络化和公开化。一是要将"加强审计整改信息化建设"作为"金审三期"工程建设的重要项目，在审计系统内部实现审计整改信息共享，实现网上追踪、动态分析和实时销号。二是通过国家政务信息系统和数据共享平台体系同人大、政府及主管部门实现系统间的审计整改信息共享。三是要积极借助网络新媒体将审计整改情况向社会公众进行公告，借助强大的社会舆论力量，促进政府和主管部门做好部署和督促工作，以推动被审计单位认真落实审计整改。

第9章

研究结论与政策启示

9.1 研究结论

自新中国在1982年建立独立的国家审计制度以来,国家审计已成为党和国家监督体系的重要组成部分,以及推动国家治理体系和治理能力现代化的重要力量。特别是新时代以来,以习近平同志为核心的党中央,加强了党对审计工作的领导,着力构建集中统一、全面覆盖、权威高效的审计监督体系。习近平总书记对审计工作作出的一系列重要论述,既是对审计工作的全局总揽和对审计事业规律性认识的高度概括,也是审计理论研究者开展国家审计研究的重要理论依据。

2023年5月23日,习近平总书记主持召开二十届中央审计委员会第一次会议。会议提出,审计"要立足经济监督定位",打造经济监督的"特种部队",这对国家审计质量提出了更高的要求。会议强调,审计整改"下半篇文章"与审计揭示问题"上半篇文章"同样重要,必须一体推进。基于习近平总书记关于审计工作的重要论述,国家审计质量可以划分为审计揭示问题质量(对应审计"上半篇文章")和审计整改质量(对应审计"下半篇文章")。实际上,审计署审计长侯凯也多次提到"审计工作必须坚持问题导向,树立有问题没有发现是失职、发现问题不报告是渎职的理念"。如何有效提升国家审计质量,特别是如何提升审计揭示问题质量和审计整改质量,始终是中央审计委员会和各级党委审计委员会关注的重大现实问题。

在此背景下，本书构建了"制度+技术"的分析框架，深入考察了制度环境变迁、信息技术进步对国家审计质量的影响。具体地，首先本书围绕国家审计质量及其影响因素、国家审计制度变化对审计作用发挥的影响、信息技术发展对审计作用发挥的影响等方面进行了文献梳理，发现已有研究的不足和进一步研究的空间。其次，本书系统梳理了与研究内容相关的制度背景，结合习近平总书记关于审计工作的重要论述、制度变迁理论和路径依赖理论进行了机理分析，并构建了制度环境变迁、信息技术进步影响国家审计质量的分析框架。最后，按照"强制性制度变迁——诱致性制度变迁——信息技术进步"的并行逻辑，研究了如下内容：以省级审计机关负责人任免制度改革为代表的早期强制性制度变迁对审计揭示问题质量的影响；以组建党委审计委员会为代表的后期强制性制度变迁对审计整改质量的影响；以社会公众诉求为代表的诱致性制度变迁对审计整改质量的影响；以审计机关单一主体为代表的信息化建设对审计揭示问题质量的影响；以包含人大、政府及主管部门、审计机关在内的多主体为代表的全社会互联网发展对审计整改质量的影响。

根据以上研究，本书的主要结论有：

（1）省级审计机关负责人的任期越长，越有利于促进审计揭示问题质量的提升。机制研究发现，以省级审计机关负责人任免制度的持续改革为代表的强制性制度变迁，会增强省级审计机关责任人任期中的独立性，从而促进审计揭示问题质量的提升。进一步研究发现，当新任省级审计机关负责人是由行政级别晋升或拥有在财政系统工作的经历时，其任期对审计揭示问题质量的提升作用会更显著；在财政状况较差的地区，其任期对审计揭示问题质量的提升作用也更显著；从"经济体检"作用的全过程来看，省级审计机关负责人的任期还有助于促进审计整改质量的提升。

（2）组建党委审计委员会可以有效提升审计整改质量，表明"自上而下"的强制性制度变迁可以促进审计整改质量的提升。机制研究发现，改善政府及主管部门部署和督促审计整改的态度、增强被审计单位落实整改的决心是组建党委审计委员会、促进审计整改质量提升的重要机制。异质性分析发现，在人大需求较强、审计机关信息化建设水平较高时，组建党委审计委员会对审计整改质量的提升效应更为显著。

（3）公众诉求可以有效提升审计整改质量，表明"自下而上"的诱致性制度变迁可以促进审计整改质量的提升。机制研究发现，增加被审计单位的整改压力是公众诉求促进审计整改质量提升的重要机制。异质性分析发现，在不同的法治环境、地方"既有压力"和区域位置下，公众诉求对审计整改质量的影响存在显著差异。

（4）地市级审计机关信息化建设能够提升审计揭示问题质量。调节机制研究发现，当审计任务相对繁重、审计人员相对较少的情况下，地市级审计机关信息化建设对审计揭示问题质量的提升效应更显著。异质性研究发现，在中西部地区和法治环境较好的地区，地市级审计机关信息化建设对审计揭示问题质量的提升效应更显著；在区域文化价值观中，对处在不确定性规避程度高、未来导向程度高，以及人际关怀导向程度高的地区，地市级审计机关信息化建设对审计揭示问题质量的提升效应更显著。

（5）全社会的互联网发展可以有效提升审计整改质量，表明互联网发展可以成为新时代提升审计整改质量的新动能。机制研究发现，增强人大预算监督能力、改善政府及主管部门部署和督促的态度、提高审计机关跟踪检查整改情况的工作效率是互联网发展提升审计整改质量的重要机制。异质性分析发现，在制度环境较差和财政压力较大的地区，互联网发展对审计整改质量的提升作用更显著。

9.2 政策启示

基于以上研究结论，本书得出以下政策启示：

（1）党委审计委员会要加强对审计工作特别是审计整改工作的领导。第一，加强对审计工作的集中统一领导。各级党委审计委员会要全面、完整、准确地贯彻落实习近平总书记关于审计工作的重要讲话和重要指示批示，健全完善审计系统内部的传达学习、任务分工、跟踪督办、请示报告机制。强化上级党委审计委员会对下级党委审计委员会的领导，严格落实重大事项请示报告制度，推动全国各级审计机关在决策部署、资源整合、项目管理上更加协同高效。第二，将把做好审计整改"下半篇文章"放在突出位置。各级党委审计委员会要认真贯彻落实中央审计委员会关于审计整改的要求，按照《关于加强地方党委审计委员会工作的指导意见》《关于建立健全审计查出问题整改长效机制的意见》《省级党委审计委员会重大事项请示报告实施办法》的要求，充分认识做好审计整改"下半篇文章"的重要意义，明确抓好审计整改是构建集中统一、全面覆盖、权威高效的审计监督体系的必然要求。第三，建立健全审计整改工作机制。党委审计委员会要把审计整改列为审计监督重大事项，要求政府做好审计整改的部署和督查工作，要求主管部门认真督促被审计单位落实审计整改，要求被审计单位落实审计整改第一责任人的职责。对于审计发现问题情节严重的审计整改情况，要求审计与组织人事、纪检监察、公安以及有关主管单位加强协调配合，优化审计与相关部门案件线索移送与协同调查办案工作程序。

（2）上级党委审计委员会办公室要强化对下级党委审计委员会办公室的领导以保障审计独立性。在新一轮的党政机构改革中，各地成立了党委审计委员会及其办公室。以省级审计机关为例，省委审计委员会办公室设在省级审计机关，省级审计机关负责人同时也是省委审计委员会办公室主任。第一，坚持和巩固已经成熟的审计机关负责人任免制度。在2021年修订《中华人民共和国审计法》时仍然没有对第十七条进行修正，对地方审计机关负责人正职的任免规定仍然是征求上级审计机关的"意见"，而不是《框架意见》中提到的征求上级审计机关"同意"。目前已经开始了《中华人民共和国审计法实施条例》的修订工作，根据本章研究结论，建议在修订《中华人民共和国审计法实施条例》时可以进行如下考虑：将中共中央办公厅、国务院办公厅于2015年印发的《框架意见》中提到的"任免省级审计机关正职须事先征得审计署党组同意，任免省级审计机关副职须事先征求审计署党组意见"这一规定予以体现。通过法律的健全和完善，就可以有效保障审计机关负责人依法独立开展审计工作，促进常态化"经济体检"作用的发挥。第二，坚持和完善下级审计机关主要负责同志向上级审计机关党组述职报告的工作制度。以省级审计机关为例，要严格按照审计署党组在2018年1月印发的《省级审计机关主要负责同志向审计署党组述职报告工作的办法》规定，每年安排10名左右省级审计机关主要负责同志进行现场述职报告，其他省级审计机关主要负责同志报送书面述职报告。

（3）审计机关要加强信息化建设特别是审计整改信息化建设。第一，坚持科技强审战略，促进审计揭示问题质量的提升。审计机关要全面贯彻落实习近平总书记关于科技强审的要求，充分运用现代信息技术开展审计，提高审计质量和效率。特别是要注重新型信息技术在审计中的运用，将隐藏在大规模数据背后的信息都挖掘出来，揭示更多违规违纪问题金额。第二，大力推进"金审工程"三期建设，努力实现审计全覆盖。审计机关要积极推动"金审工程"三期项目建设应用和持续优化，通过加大信息化建设投入推动国产化技术的改造和升级，实现对所有各级预算单位的全覆盖。省级审计机关要完善审计业务网络，实现与市县地方审计机关的数据分析网络联通，为实现审计"一盘棋"提供技术支持。第三，运用大数据审计理念，优化现场审计和非现场审计的比例结构。在大数据审计模式下，实施整体数据分析，由传统的"审计预判——审计分析——审计求证"转变为"大数据审计分析——审计判断——审计求证"的工作模式。审计机关要充分利用地方政府数据开发平台，系统开展业务数据与财务数据、单位数据与行业数据以及跨行业、跨领域数据的综合比对和关联分析，促进审计工作由"现场审计为主"向"后台数据分析和现场审计并重"的结构转变。第四，加强审计整改信息化建设，提升督促审计整改的效率。对于立行立改的问题，审计机关要设置督办审计整改的提醒功能，及时对整改问题填报不及时、整改进度缓慢、整改不到位的被审计单位发出系统提醒。对于持续整改的问题，要在整改管理系统中录入被审计单位提出的整改方案、整改时间和整改计划，以便实时跟踪推进。审计机关还要充分运用整改管理系统，对审计发现问题的整改情况进行多维度、多视角的统计分析，了解区域内审计整改的系统进展。

（4）人大要加强财经系统联网监督平台建设来跟踪监督审计整改落实情况。多数地方的人大在开展预算联网监督平台建设时，注重积累经验，也开展了国资监督联网技术建设，以实现财经系统联网监督平台的全面建设。

第一，突出财经系统联网监督的全面化。在监督理念上，人大要注重从对审计整改的被动监督转变为主动监督。在监督方法上，人大要注重从对审计整改的静态时点审查监督转变为静态时点与动态实时审查监督相结合。在数据利用上，人大要注重从对审计整改的单一比较转变为多维度预警分析。第二，突出财经系统联网监督的立体化。人大要围绕预决算审查监督、国有资产管理情况监督等场景开展信息化建设，将对审计整改的跟踪监督范围覆盖人大财经审查监督业务工作的全流程、各环节，突出实时审查与动态监督相结合，线上发现问题和线下督促整改相结合，保障人大及其常委会、有关专门委员会、人大代表开展专题调研、专项审查、专题审议、专题询问等，督促被审计单位全面落实整改。第三，突出财经系统联网监督的智能化。人大要持续完善数据"查询、预警、筛选、比对、分析"等技术功能，实现人大对审计整改的跟踪监督在方式、方法、效率、效果上的根本转变。人大要采取"体检诊断"的监督模式，设置审计整改预警提示的规则、标准和参数，通过智能分析和逻辑判断，自动进行对审计整改的全过程监督。

（5）政府及主管部门要通过"互联网+政务服务"以及"互联网+督查"做好对审计整改工作的部署、督促和督查。第一，通过"互联网+政务服务"提高部署和督促被审计单位整改的效能。在"互联网+政务服务"的体系建设中，政府及主管部门应当充分利用信息技术手段提升审计整改工作的透明度与效率。要健全完善一体化的"互联网+政务服务"平台，实现审计整改任务从制定、发布、跟踪、反馈的全链条信息化管理，简化烦琐的纸质文件流转程序，缩短决策与执行的时间差。同时，还要注重数据共享与业务协同，增强部门间的沟通与协作，确保审计整改工作的协同推进。第二，通过"互联网+督查"及时了解审计整改情况并采取有效督促措施。要借助"互联网+督查"的优势，打破传统督查的空间限制与时间限制，提高督查工作的灵活性和高效性，随时随地对被审计单位进行远程督查或现场核查，确保整改措施得到有效执行。要全面收集和分析社会公众的在线举报、被审计单位的整改进度报告等相关信息，迅速识别出整改过程中存在的问题与风险，及时采取针对性的督促措施。第三，要始终注重保障信息安全与公众隐私保护。要注意通过数据加密、访问控制等措施，确保审计整改信息在传输、存储和处理过程中的安全性和保密性。同时，也注重加强对公众隐私的保护，避免在收集和使用公众反馈的审计整改信息时侵犯公众合法权益。

（6）社会公众要合理合法表达诉求不断推进审计整改取得实效。第一，社会公众要积极利用互联网平台，密切关注审计整改的落实。作为国家治理的重要主体，社会公众要合理使用社交媒体、短视频平台、政务平台等互联网平台，积极关注被审计单位的行为和表现，通过政务平台的留言、举报等功能，合理合法地表达自己对审计整改情况的满意度，促使政府及相关部门更加重视审计整改工作，推动问题得到有效解决。社会公众还可以通过关注相关账号、参与话题讨论等方式，及时了解被审计单位的整改动态，对整改成效进行客观评价。第二，人大代表应积极关注和倾听社会公众关于审计整改的诉求。人大代表源自社会公众，更应当关注全社会公众的利益和诉求。在谋划议案时，人大代表应深入基层、贴近群众，广泛收集并认真梳理百姓对审计整改工作的意见和建议。特别是针对那些关乎民生、影响广泛的审计整改问题，人大代表应将其作为议案的重点内容，通过议案的形式向政府及相关部门提出具体、可行的改进建议。第三，社会公众和人大代表要积极关注政府及主管部门对审计整改的回应情况。社会公众和人大代表可以要求政府及主管部门通过建立健全信息公开机制、加强与社会公众的沟通交流、认真办理人大代表议案等方式，及时正视并解决审计整改工作中存在的问题和不足，不断提升审计整改工作的质量和效率。同时，社会公众和人大代表可以要求政府及主管部门加大对审计整改工作的宣传力度，提高被审计单位对审计整改工作的认识和理解，营造全社会支持审计整改工作的良好氛围。

9.3 研究局限和未来展望

9.3.1 研究局限

本书系统性地研究了制度环境变迁、信息技术进步对审计揭示问题质量和审计整改质量的影响,具有较好的理论意义和现实意义,但是仍有一些局限需要在后续研究中进行完善。

(1)局限于审计"发现"问题情况属于黑箱难以直接观测,本书以"报告"问题情况来代替"发现"问题情况对审计揭示问题质量进行研究。从实际来看,审计"发现"问题情况应该多于或等于"报告"问题情况。等到审计机关的相关资料能够全面公开时,将通过爬虫技术获得关于审计机关的业务数据,运用大模型去模拟审计"报告"问题情况占审计"发现"问题情况的比重,以更准确地测算审计揭示问题质量。

(2)局限于《中国审计年鉴》公开数据的可得性,本书在省级层面开展了审计整改质量研究。根据审计署的分类,根据审计发现问题的性质、成因、影响及整改难易程度等因素,审计整改可以划分为立行立改、持续整改和分阶段整改三种类型。本书是以《中国审计年鉴》公开的各省整改数据开展的研究,后续在审计发现问题的相关资料全面公开时,将根据立行立改、持续整改和分阶段整改的结构对审计整改质量进行综合衡量。

(3)局限于审计机关的预决算信息公开资料有限,本书通过收集预决算报表中信息化建设支出的科目编码(类为201、款为08、项为06)来衡量审计机关的信息化建设水平。根据信息化建设的内容和标准,审计机关信息化建设可以分为软件投入、硬件投入、人员培训等,或者根据信息化建设的成熟程度或者数字化转型速度进行分析。后续在审计机关的预决算信息公开和政府采购信息公开程度更高时,将进一步深入研究审计机关信息化建设的成熟程度或者数字化转型速度对审计揭示问题质量的影响。

(4)局限于获取社会公众关注审计整改的面板数据,本书使用百度指数衡量社会公众对审计整改情况的诉求。随着互联网的快速发展,微信、微博等社交媒体已经成为公众表达诉求和观点的主要渠道。未来可以运用数据爬虫、文本分析、机器学习等方法获取和分析微信、微博等社交媒体中的数据,对社会公众关于审计整改的诉求进行更为全面、准确的衡量,以持续推动有关审计整改的理论研究。

9.3.2 未来展望

随着国家审计在党和国家监督体系中的地位越来越高，不论是审计揭示问题"上半篇文章"，还是审计整改"下半篇文章"，都值得深入进行研究。将"制度+技术"的分析框架运用于国家审计的理论研究，可以发现更多的真问题，也可以开展更多的真研究。未来可以从以下几个方面开展提升国家审计质量的相关研究：

（1）结合党的十九大以来部分省级审计机关的负责人来自审计署的新现象，研究省级审计机关负责人任免的新特征对审计揭示问题质量和审计整改质量的影响。审计署党组为了加强对省级审计机关的领导，除了制定《省级审计机关主要负责同志向审计署党组述职报告工作的办法》以外，开始尝试从审计署选派优秀司局级干部担任地方省级审计机关负责人的做法，例如，曾任审计署政策研究室主任的郭彩云、财政审计司副司长的陈磊先后到辽宁省审计厅、山西省审计厅担任厅长职务。这一任职制度变化属于审计管理体制改革的新内容，可以研究其对审计揭示问题质量和审计整改质量的影响。

（2）结合地方政府数据开放平台的建设情况，研究这一信息技术进步对审计整改质量的影响。政府数据开放平台的开发与运行，不仅意味着政府、主管部门、被审计单位、审计机关之间的关系会更加透明，也意味着包括审计整改信息在内的政府信息公开的主动性更强。在已有的研究中，政府与主管部门之间的关系、主管部门与被审计单位之间的关系一直都是"黑箱"，难以直接进行研究。政府数据开放平台可以帮助我们打开这一"黑箱"，有助于研究政府内部的信息化建设对审计整改质量的影响。

（3）结合2021年新《中华人民共和国审计法》的变化，重点研究国有资产的审计情况及其整改情况。党的十八大以来，人大监督的重点从预算监督拓展至国有资产监督。2021年新修订的《中华人民共和国审计法》要求审计工作报告增加"对国有资源、国有资产的审计情况"，并要求将审计工作报告中指出的问题的整改情况和处理结果向人大报告。实际上，从

2020年开始的审计工作报告和审计整改工作报告体例就发生了变化，分别专门增加了"国有资产审计情况"和"国有资产审计的整改情况"。未来，在研究审计揭示问题质量和审计整改质量时，可以专门聚焦于国有资产的审计情况及其整改情况。

参考文献

[1] Abou-El-Sood H., Kotb A., Allam A. Exploring Auditors' perceptions of the usage and importance of audit information technology [J] .International Journal of Auditing, 2015, 19（3）: 252-266.

[2] Appelbaum D., Kogan A., Vasarhelyi M.A. Big data and analytics in the modern audit engagement: Research Needs [J] .Auditing A Journal of Practice & Theory, 2017, 36（4）: 1-27.

[3] Bowerman M., Humphrey C. Limiting the scope of central government audit: A constitutional problem or a sensible solution? In: Innovations in governmental accounting [M] .Springer US, 2002: 331-341.

[4] Cagle C.S., Pridgen A.B. Accountability in county governments: Is auditor type related to audit quality? [J] . Journal of Leadership, Accountability and Ethics, 2015, 12（1）: 79-93.

[5] Curtis M. B., Payne E. A. Modeling voluntary CAAT utilization decisions in auditing [J] . Managerial Auditing Journal, 2014, 29（4）: 304-326.

[6] DeAngelo L. E. Auditor size and audit quality [J] . Journal of Accounting and Economics, 1981, 3（3）: 183-199.

[7] Deangelo L. E. Auditor size and audit quality [J] . Journal of Accounting and Economics, 1981, 3（3）: 183-199.

[8] Di Giuli, A., P.A.Laux. The effect of media-linked directors on financing and external governance [J] .Journal of Financial Economics, 2022, 145（2）: 103-131.

[9] Dwiputrianti, S. Scope of auditing on the quality of content in the indonesian

external public sector auditing reports [J]. International Review of Public Administration, 2011, 16 (3): 133–149.

[10] Fukuda-Parr S., Guyer P., Lawson-Remer T. Does budget transparency lead to stronger human development outcomes and commitments to economic and social rights? [J].Social Science Electronic Publishing, 2012.

[11] Gepp A., Linnenluecke M., O'neill T., et al. Big data techniques in auditing research and practice: current trends and future opportunities [J]. Journal of Accounting Literature, 2018, 40: 102–115.

[12] Hansen B.E. Threshold effects in non-dynamic panels: estimation, testing, and inference [J].Journal of Econometrics, 1999.

[13] Jakubowski S.T. Local government audits: A look at audit findings and differences related to the type of auditor [J]. Municipal Finance Journal, 2008, 29 (2): 77–89.

[14] Jan R., Innovation Labs: Embrace change to reap rewards [J]. International Journal of Government Auditing, 2020, 47 (1): 20–21.

[15] Jantz B., Reichborn-Kjennerud K., Vrangbaek K. Control and autonomy——The SAIs in norway, denmark, and germany as Watchdogs in an NPM-Era? [J]. International Journal of Public Administration, 2015, 38 (13): 960–970.

[16] Koen V. Data, Auditing and strategy [J]. International Journal of Government Auditing, 2020, 47 (1): 10–11.

[17] Kusumawati A., Syamsuddin S. The effect of auditor quality to professional skepticsm and its relationship to audit quality [J]. International Journal of Law and Management, 2018, 60 (4): 998–1008.

[18] Lienert I., Allen et al., Role of the legislature in the budget process [M] // The International Handbook of Public Financial Management, London: Palgrave Macmillan, 2013: 116–136.

[19] López D. M., Peters G. F. Internal control reporting differences among public and governmental auditors: The case of city and county Circular A-133 audits

[J]. Journal of Accounting & Public Policy, 2010, 29（5）: 481-502.

[20] Maslow A.H.A. Theory of human motivation [J].Psychological Review, 1943, 50（4）: 370-396.

[21] Mikhail P., Ksenia K., Aleksandr C. Conducting remote audits using integrated information analysis systems [J].International Journal of Government Auditing, 2020, 47（1）: 8-9.

[22] Monaghan H. M., C.G.F.M. An assessment of the quality of single audits: The national single audit sampling project [J]. The Journal of Government Financial Management, 2007, 56（4）: 22-29.

[23] Nelson S., Technology: opportunities to build capacity, enhance oversight [J]. International Journal of Government Auditing, 2020, 47（1）: 18-19.

[24] Niu, M., Lin, M. When the power of the purse meets the power of technology: a case study of Guangzhou People's Congress in China [J]. Asia Pacific Journal of Public Administration, 2020, 42（4）: 274-289.

[25] Norton S. D., Smith L. M. Contrast and foundation of the public oversight roles of the U.S. Government Accountability Office and the U.K. National Audit Office [J]. Public Administration Review, 2010, 68（5）: 921-931.

[26] Nunn, N., Qian, N. Us food aid and civil conflict. American Economic Review, 2014, 104（6）: 1630-1666.

[27] Oliver M.R. Quantitative and qualitative methods: The optimal combination for effective audits [J]. International Journal of Government Auditing, 2019, 46（3）: 12-14.

[28] Pollitt C., Summa H. Comparative and international administration reflexive watchdogs? How supreme audit institutions account for themselves [J]. Public Administration, 2010, 75（2）: 313-336.

[29] Ramkumar, V. Open budget survey findings on SAIs and indepe ndence [J]. International Journal of Government Auditing, 2009, 36（3）: 10-14.

[30] Ríos, A., F. Bastida, B. Benito. Budget transparency and legislative budgetary oversight: An international approach [J].American Review of

Public Administration, 2016, 46 (5): 546-568.

[31] Ross M.L. Mineral wealth and budget transparency [J]. SSRN Electronic Journal, 2011: 1-52.

[32] Rus, I. Technologies and methods for auditing databases [J]. Procedia Economics and Finance, 2015, 26: 991-999.

[33] Samelson D., Lowensohn S., Johnson L. E. The determinants of perceived audit quality and auditee satisfaction in localgovernment [J]. Journal of Public Budgeting, Accounting & Financial Management, 2006, 18 (2): 139-166.

[34] Santiso, C., Varea, M., Strengthening the capacities of parliaments in the budget process [M].Washington: IDB Policy Brief 194, 2013: 1-21.

[35] Stapenhurst, R., Titsworth, J. Features and functions of supreme audit institutions [J]. World Bank PREM Note, 2001, 59: 1-4.

[36] Stapenhurst, R., Kerry Jacobs & Thomas Cedric Eboutou, "Developing an index of EX-POST parliamentary oversight of public fiance" [J].The Journal of Legislative Studies, 2019, 25 (1): 119-142.

[37] Swan M. Blockchain: Blueprint for a new economy [M]. Sebastopol: O'Reilly Media, 2015.

[38] Syamsuddin. The government whistleblowers in generating audit quality (a survey on provincial audit boards in south, central, and west sulawesi, indonesia) [J]. International Journal of Law and Management, 2017, 59 (6): 1046-1058.

[39] Yoon K., Hoogduin L., Zhang L. Big data as complementary audit evidence [J]. Accounting Horizons, 2015, 29 (2): 431-438.

[40] Taka Ariga.Technology is advancing every day, we think oversight should too! [J]. International Journal of Government Auditing, 2024, 50 (2): 49-51.

[41] 白春雨, 马平平, 张明.数字经济发展的碳排放双控效应——基于绿色全要素生产率与绿色技术创新的双重审视 [J].煤炭经济研究, 2024,

44（2）：14-22.

［42］包国宪，关斌.地方政府预算支出决策会考虑公民诉求吗？——被调节的中介效应［J］.经济社会体制比较，2019（4）：77-91.

［43］毕秀玲，刘玉玉.审计机关地位与审计决定执行率悖论探析［J］.财会通讯，2013（22）：73-75.

［44］蔡春，朱磊，郑倩雯.省以下地方审计机关人财物统一管理提升审计质量了吗？［J］.审计与经济研究，2020，35（6）：1-8.

［45］曹春方，邓松林.政府失业目标调整与就业质量——来自微观企业层面的证据.金融研究，2022（6）：115-132.

［46］曹越，李晶，伍中信.中国国家审计制度变迁：历史与逻辑勾画［J］.财经理论与实践，2016（1）：89-93.

［47］曾昌礼，李江涛，张敏，等.会计师事务所信息化建设能够提升审计效果吗？［J］.会计研究，2018（6）：3-11.

［48］陈浩.会诊"屡审屡犯"顽疾做好常态化"经济体检"［J］.审计研究，2021（6）：22-25.

［49］陈骏，单美贤.政府审计如何影响区域创新能力？——基于2003—2018年省级面板数据的经验证据［J］.审计与经济研究，2022，37（3）：7-18.

［50］陈骏，时现.审计全覆盖驱动下的审计技术方法创新研究［J］.审计研究，2018（5）：22-29.

［51］陈凌云，王子宸，陈汉文.高压反腐、国家审计独立性与国家审计质量——基于中国省级面板数据的实证研究［J］.北京工商大学学报（社会科学版），2021，36（4）：42-53.

［52］陈茹，张金若，王成龙.国家审计改革提高了地方国有企业全要素生产率吗？［J］.经济管理，2020，42（11）：5-22.

［53］陈水生.技术督查：基于国务院大督查的"互联网+督查"运作机制创新［J］.行政论坛，2020，27（3）：136-142.

［54］陈文.政务服务"信息孤岛"现象的成因与消解［J］.中国行政管理，2016（7）：10.

[55]陈新.制度与技术的有效协同：政务服务的优化之道——评《整合与形塑：地方政务服务机构的运行机制》.公共管理评论,2019,(2):119-130.

[56]陈艳娇,张兰兰.媒体关注、政府审计与财政安全研究[J].审计与经济研究,2019,34(1):1-13.

[57]陈玉宇,吴玉立.信息化对劳动力市场的影响：个人电脑使用回报率的估计[J].经济学(季刊),2008(4):1149-1166.

[58]陈志斌,汪官镇.CEO自由裁量权与企业投资效率[J].会计研究,2020(12):85-98.

[59]程莹.双重领导管理体制下影响地方政府审计质量的因素分析[J].审计与经济研究,2015(4):67-76.

[60]池国华,杨金,谷峰.媒体关注是否提升了政府审计功能？——基于中国省级面板数据的实证研究[J].会计研究,2018(1):53-59.

[61]褚剑,陈骏.审计监督、国资监管与国有企业治理——基于审计官员国资监管背景的研究[J].财经研究,2021,47(3):50-64.

[62]崔雯雯,李琰.国家审计问责力度的指标构建研究[J].天津商业大学学报,2018,38(4):47-55.

[63]崔雯雯,张立民.国家审计与公众参与：基于政府信息公开的中介效应研究[J].审计与经济研究,2019,34(3):13-21.

[64]邓芳,游柏祥,陈品如.企业信息化水平对审计收费的影响研究[J].审计研究,2017(1):78-87.

[65]邓淑莲,曾军平,郑春荣,等.中国省级财政透明度评估(2017)[J].上海财经大学学报,2018,20(3):18-28.

[66]邓淑莲,杨丹芳,曾军平.中国省级财政透明度评估(2011)[J].上海财经大学学报(哲学社会科学版),2011,13(4):51-60.

[67]董大胜.审计本质：审计定义与审计定位[J].审计研究,2015(2):3-6.

[68]董延安.国家审计质量的影响因素及其路径分析——基于我国财政财务收支审计的视角[J].审计与经济研究,2008,23(1):40-45.

［69］董直庆，王辉.城市财富与绿色技术选择［J］.经济研究，2021（4）：143-159.

［70］杜子平，孙瑞泽.人口空间分布对国家审计质量的影响研究［J］.当代会计评论，2021，14（3）：37-55.

［71］段军山，黄伟涛.腐败、市场化与民生发展——理论分析与经验证据［J］.山西财经大学学报，2020（2）：1-15.

［72］樊丽明，史晓琴，石绍宾.我国地方人大预算监督评价：理论、指标及应用［J］.管理世界，2022，38（2）：100-115.

［73］房巧玲，张雨菡，高思凡.信息化赋能与地区环境治理——基于省级审计机关的经验证据［J］.审计研究，2023（1）：27-38.

［74］房巧玲，张雨菡，刘明硕.国家审计信息化与金融风险治理——基于中国省级面板数据的实证考察［J］.金融论坛，2023，28（5）：29-40.

［75］郭家堂，骆品亮.互联网对中国全要素生产率有促进作用吗？［J］.管理世界，2016（10）：34-49.

［76］郭檬楠，郭金花.国家审计监督能降低国企过度负债吗？——基于国家审计与社会审计协同的视角［J］.上海财经大学学报（哲学社会科学版），2020，22（6）：95-109.

［77］郭檬楠，李娜，吴秋生.组建党委审计委员会与国有企业高质量发展——兼论内外部监督主体的协同治理作用［J］.会计研究，2024（1）：179-192.

［78］郭檬楠，孙佩，王晓亮，等.国家审计信息化建设如何影响国有企业高质量发展？［J］.外国经济与管理，2023，45（4）：54-69.

［79］郭檬楠，田雨薇，焦然.国家审计信息化建设与国有企业审计收费——基于金审工程的准自然实验［J］.审计与经济研究，2023，38（3）：11-21.

［80］郭檬楠，吴秋生，郭金花.国家审计、社会监督与国有企业创新［J］.审计研究，2021（2）：25-34.

［81］郭芮佳，池国华，程龙.公众参与对政府审计腐败治理效果的影响研究——基于国家治理视角的实证分析［J］.审计与经济研究，2018

（2）：19-28.

[82] 郭晓丹，王帆."双碳"目标下政府补贴、需求替代与减排效应——来自中国乘用车市场的证据 [J].数量经济技术经济研究，2024（2）：131-150.

[83] 韩峰，吴雨桐.国家审计治理有助于补齐公共服务供给短板吗？[J].审计与经济研究，2018（5）：21-34.

[84] 韩先锋，宋文飞，李勃昕.互联网能成为中国区域创新效率提升的新动能吗 [J].中国工业经济，2019（7）：119-136.

[85] 侯汉坡，何明珂，庞毅，等.互联网资源属性及经济影响分析 [J].管理世界，2010（3）：176-177.

[86] 后小仙，马融，后天路.审计官员任期、个人特征与审计监督绩效 [J].经济与管理评论，2021，37（5）：113-126.

[87] 胡洁，于宪荣，韩一鸣.ESG评级能否促进企业绿色转型？——基于多时点双重差分法的验证 [J].数量经济技术经济研究，2023，40（7）：90-111.

[88] 胡泽君.努力开创新时代审计工作新局面——深入学习贯彻习近平总书记在中央审计委员会第一次会议上的重要讲话精神 [J].求是，2018（13）：17-19.

[89] 胡泽君.中国国家审计学 [M].北京：中国时代经济出版社，2019.

[90] 黄俊，陈良银，陈信元.科创板注册制改革与公司盈余管理 [J].会计研究，2023（2）：42-51.

[91] 黄群慧，余泳泽，张松林.互联网发展与制造业生产率提升：内在机制与中国经验 [J].中国工业经济，2019（8）：5-23.

[92] 黄溶冰，王跃堂.我国省级审计机关审计质量的实证分析（2002—2006）[J].会计研究，2010（6）：70-76.

[93] 黄溶冰，乌天玥.国家审计质量与财政收支违规行为 [J].中国软科学，2016（1）：165-175.

[94] 黄溶冰.国家审计质量与审计整改机制 [J].湖湘论坛，2018，31（3）：104-113.

[95]黄溶冰.审计处理、审计整改与财政收支违规行为[J].财经理论与实践,2017,38(2):81-86.

[96]黄舒.大数据背景下审计质量提升路径[J].企业经济,2017,36(12):84-87.

[97]黄卓,陶云清,刘兆达,等.智能制造如何提升企业产能利用率——基于产消合一的视角[J].管理世界,2024,40(5):40-59.

[98]霍明,郭伟,邵宏宇.信息技术投资对我国制造企业技术效率影响的区域差异分析——基于面板数据随机前沿分析方法的实证研究[J].科技进步与对策,2012,29(1):32-38.

[99]江艇.因果推断经验研究中的中介效应与调节效应[J].中国工业经济,2022(5):100-120.

[100]蒋秋菊,孙芳城.领导干部自然资源资产离任审计是否影响企业税收规避——基于政府官员晋升机制转变视角的准自然实验研究[J].审计研究,2019(3):35-43.

[101]金献坤,徐莉萍,辛宇.企业数字化与业绩预告可靠性研究[J].会计研究,2023(2):52-64.

[102]靳思昌,张立民.论国家治理与国家审计边界的界定[J].审计研究,2013(1):3-8.

[103]靳思昌.论大数据背景下的国家审计监督全覆盖[J].财会月刊,2018(7):160-165.

[104]靳思昌.双罚制视阈下国家审计整改效果研究[J].宏观经济研究,2019(7):161-167,175.

[105]雷俊生.基于信息管理的审计整改报告机制研究[J].社会科学,2017(12):49-61.

[106]雷俊生.嵌入式治理视角下的监督资源整合——基于党委审计委员会的协同机制构建[J].学术论坛,2020,43(4):69-75.

[107]冷德熙.国家中长期科学和技术发展规划纲要(2006—2020)与新科技革命[EB/OL].(2019-12-20).http://www.kepu.gov.cn/msta_four/2019-12/20/content_1759894.html.

[108] 李春涛，柯宇立.论金融审计信息化与国家治理功能的优化［J］.上海金融，2012（11）：94-97.

[109] 李建军，韩珣.非金融企业影子银行化与经营风险［J］.经济研究，2019（8）：21-35.

[110] 李金华.加强我国审计监督工作的若干思考［J］.中央财经大学学报，2003（8）：1-6.

[111] 李明，聂召.国家审计促进地方经济发展的作用研究——来自省级地方政府的经验证据［J］.审计研究，2014（6）：36-41.

[112] 李明辉，叶超.国家审计监督权威性及其实现路径［J］.安徽大学学报（哲学社会科学版），2022，46（5）：109-119.

[113] 李青原，李昱，章尹赛楠，等.企业数字化转型的信息溢出效应——基于供应链视角的经验证据［J］.中国工业经济，2023（7）：142-159.

[114] 李青原，章尹赛楠.金融开放与资源配置效率——来自外资银行进入中国的证据［J］.中国工业经济，2021（5）：95-113.

[115] 李青原，赵兴."优胜劣汰"能否提高上市公司价值？——基于监管政策实施的事件背景［J］.证券市场导报，2023（1）：2-10.

[116] 李姝，杜亚光，张晓哲.同行MD&A语调对企业创新投资的溢出效应［J］.中国工业经济，2021（3）：137-155.

[117] 李万利，陈亮，袁凯彬.互联网能否增强传统媒体的外部治理功能？——基于媒体环境报道与企业绿色创新视角［OL］.南开管理评论，2023：1-26.

[118] 李笑雪，郑石桥.政府审计独立性、审计体制和审计权能配置［J］.会计之友，2015（20）：118-128.

[119] 李一花，亓艳萍，祝婕.人大预算监督能改善地方政府债务支出效率吗？［J］.财政研究，2019（11）：37-50.

[120] 李越冬，崔振龙，王星雨，等.最高审计机关在维护财政政策长期可持续性领域的经验与启示——基于48个国家最高审计机关的审计实践［J］.审计研究，2015（3）：9-14.

[121] 李志斌，李敏芳，李宗泽，等.法制环境、环境管理控制与环境绩效——来自重污染行业的经验证据［J］.会计与经济研究，2022（5）：76-88.

[122] 林斌，刘瑾.市场化进程、财政状况与审计绩效［J］.审计与经济研究，2014，29（3）：31-39.

[123] 林慕华，马骏.中国地方人民代表大会预算监督研究［J］.中国社会科学，2012（6）：73-90.

[124] 林慕华.论地方人大的预算监督能力及其建构［J］.探索，2016（3）：69-73.

[125] 林毅夫.关于制度变迁的经济学理论：诱致性变迁与强制性变迁［M］.上海：上海三联书店，1994.

[126] 刘炳香.中国共产党新征程上面临的风险挑战及应对研究［J］.党政研究，2022（3）：59-69.

[127] 刘家义.国家治理现代化进程中的国家审计：制度保障与实践逻辑［J］.中国社会科学，2015（9）：64-83.

[128] 刘家义.论国家治理与国家审计［J］.中国社会科学，2012（6）：60-72.

[129] 刘金东，薛一帆，管星华.财政信息公开为何陷入"低水平陷阱"？——基于地方标杆竞争视角的研究.公共行政评论，2019（5）：75-92.

[130] 刘雷，崔云，张筱.政府审计维护财政安全的实证研究——基于省级面板数据的经验证据［J］.审计研究，2014（1）：35-42.

[131] 刘力云，崔孟修，杨宇婷.中美扶贫审计比较研究［J］.国外社会科学，2020（6）：80-92.

[132] 刘力云，沈玲，王晓峥.新时代我国审计干部专业胜任能力框架研究——基于281份调查表的统计分析［J］.审计研究，2019（1）：41-50.

[133] 刘力云.跳出屡审屡犯的审计困局［J］.人民论坛，2012（14）：7-7.

[134] 刘梦宁，刘运国.经济政策不确定性、目标设定与棘轮效应［J］.会计

研究，2022（7）：89-106.

[135] 刘晓红.公众网络聚集度、城市差异与政府审计力度［J］.当代会计评论，2018，11（3）：67-82.

[136] 刘誉泽，姜江华.审计常态化的"经济体检"作用路径研究［J］.中国审计，2019（24）：17-19.

[137] 卢盛峰，洪靖婷.乡村电子商务建设与区域协调发展——来自中国电子商务进农村试点的证据［J］.经济评论，2023（5）：71-88.

[138] 罗欢平.论国家审计的边界［J］.经济问题，2018（5）：88-93.

[139] 吕凯波，王聪，邓淑莲，等.国家治理现代化中政府预算公开的转型过程与制度障碍［J］.南京审计大学学报，2017，14（5）：10-21.

[140] 马光荣，张玲."乡财县管"改革、基层政府治理与经济发展［J］.金融研究，2023（1）：39-56.

[141] 马慧，陈胜蓝.企业数字化转型、坏消息隐藏与股价崩盘风险［J］.会计研究，2022，（10）：31-44.

[142] 马骏.从"三公"费用到预算公开［J］.中国改革，2011（6）：8-14.

[143] 马胜春，王广州，徐世英等.我国陆地边境县劳动力及其就业状况研究［J］.西北人口，2014（5）：23-28.

[144] 马轶群，吴秋生.审计制度与审计效率：来自地方审计机关的证据［J］.当代财经，2018（3）：110-120.

[145] 马轶群.国家审计质量的区域差异性研究——基于动态面板的系统广义矩估计检验［J］.当代财经，2014（11）：119-128.

[146] 潘春花，谢光安.大数据环境下内部审计的困境与对策研究——以行政事业单位为例［J］.湖南社会科学，2019（4）：123-126.

[147] 潘俊，王禹，景雪峰，等.政府审计与地方政府债券发行定价［J］.审计研究，2019（3）：44-50.

[148] 庞保庆，朱颖，王芳.市长更替能否影响地方财政资金审计力度？——基于全国地市数据的实证分析［J］.公共行政评论，2020（5）：102-119.

[149] 裴建锁，方勇彪，姜佳彤.嵌入全球价值链助力企业绿色发展：投入

结构转型效应的解释[J].中国工业经济,2024(2):61-79.

[150]彭华彰.新时代审计整改制度的建构与完善——基于国家治理视角的研究[J].审计研究,2024(2):9-16.

[151]蒲丹琳,王善平.政府审计、媒体监督与财政安全[J].当代财经,2011(3):47-53.

[152]钱弘道,谢天予.审计全覆盖视域下的审计法变迁方向及其逻辑[J].审计与经济研究,2019,34(3):22-31.

[153]秦聪,郭婧.扶贫改革试验区政策的经济发展效应分析[J].中国软科学,2023(9):95-105.

[154]秦荣生.大数据、云计算技术对审计的影响研究[J].审计研究,2014(6):23-28.

[155]任迎伟,张曼.新兴市场中组织结构和信息技术能力对组织效率的影响[J].财经科学,2004(5):67-71.

[156]山雪艳.地方人大强化审计整改监督:基于ASD理论分析[J].地方财政研究,2018(1):39-45,52.

[157]上官泽明,李昕柔.国家审计能够抑制地方国有企业过度金融化吗?——来自省以下审计机关人财物管理改革的准自然实验[J].当代会计评论,2022,15(2):119-136.

[158]上官泽明,白玮东.国家审计如何提升贫困地区农村居民收入?——兼论5年过渡期巩固拓展脱贫攻坚成果的审计应对策略[J].南京审计大学学报,2023,20(3):11-20.

[159]上官泽明,王少华.国家审计机关独立性、文化差异与审计工作报告质量——基于跨国数据的实证分析[J].会计研究,2021(9):160-175.

[160]上官泽明,吴秋生.不同视野下国家审计治理能力评价与比较[J].中南财经政法大学学报,2017(1):76-82.

[161]上官泽明,赵晓艳,牛富荣.互联网发展、制度环境与财政透明度[J].财政研究,2020(10):74-88.

[162]上官泽明,赵晓艳.省级审计机关负责人任期、任职特征与审计功能

发挥[J].审计研究,2021(4):14-24.

[163] 邵宜航,游杰.技术创新如何提升我国共同富裕水平[J].经济管理,2023,45(4):191-208.

[164] 深圳市审计局审计整改"三化"机制研究课题组.审计查出问题整改"三化"机制建设研究——审计整改信息化建设存在的问题及对策[J].审计观察,2022(4):46-49.

[165] 沈玲.中国共产党领导的审计整改制度:回顾与思考[J].审计与经济研究,2022,37(4):1-8.

[166] 石桂峰.行业经营性信息披露能提升商业信用融资吗[J].会计研究,2022(12):77-90.

[167] 史宁安,叶鹏飞,胡友良.审计质量之用户(顾客)满意论[J].审计研究,2006(1):16-19.

[168] 宋弘,陆毅.如何有效增加理工科领域人才供给?——来自拔尖学生培养计划的实证研究[J].经济研究,2020,55(2):52-67.

[169] 孙宝厚.关于全面审计质量控制若干关键问题的思考[J].审计研究,2008(2):3-10.

[170] 孙宝厚.关于新时代中国特色社会主义国家审计若干问题的思考[J].审计研究,2018(4):3-6.

[171] 孙浦阳,张靖佳,姜小雨.电子商务、搜寻成本与消费价格变化[J].经济研究,2017(7):139-154.

[172] 唐大鹏,王璐璐,常语萱.国家治理体系下审计结果公告信息披露质量的影响因素——基于2012—2015年省级数据分析[J].审计研究,2017(6):48-57.

[173] 唐雪松,罗莎,王海燕.市场化进程与政府审计作用的发挥[J].审计研究,2012(3):25-31.

[174] 铁瑛,张明志,陈榕景.人口结构转型、人口红利演进与出口增长——来自中国城市层面的经验证据[J].经济研究,2019(5):164-180.

[175] 汪德华,侯思捷,张彬斌.中国共产党领导的国家审计:百年历程与

发展启示［J］.财贸经济，2021，42（7）：15-31.

［176］王成龙，冉明东，刘思义.国家审计改革对地方国有企业税负的影响研究——以省以下地方审计机关人财物管理改革为背景［J］.财政研究，2018（10）：117-129.

［177］王春飞，张雅靖，郭云南.中央预算执行审计：问题及整改——基于国家治理的视角［J］.学术研究，2016（9）：111-116，140.

［178］王芳，彭超然.公众集聚度与政府审计质量——基于公共选择理论的分析［J］.中南财经政法大学学报，2015（2）：72-79.

［179］王芳，周红，任康.审计体制、审计方式与政府审计质量——基于正式与非正式制度的视角［J］.当代财经，2012（8）：106-119.

［180］王芳，周红.政府审计质量的衡量研究：基于程序观和结果观的检验［J］.审计研究，2010（2）：24-29.

［181］王芳.政府审计质量的影响因素研究［D］.复旦大学，2009.

［182］王会金，马修林.政府透明度、媒体监督与政府审计绩效——基于省级面板数据的经验研究［J］.南京审计大学学报，2017，14（3）：86-94.

［183］王军，刘小凤，朱杰.数字经济能否推动区域经济高质量发展？［J］.中国软科学，2023（1）：206-214.

［184］王维国，陈佳美思.推动新时代人大工作高质量发展［J］.北京联合大学学报（人文社会科学版），2023，21（1）：100-108.

［185］王贤彬，徐现祥.地方官员来源、去向、任期与经济增长——来自中国省长省委书记的证据［J］.管理世界，2008（3）：16-26.

［186］王小鲁，樊纲，胡李鹏.中国分省份市场化指数报告（2021）［M］.社会科学文献出版社，2021.

［187］王小鲁，胡李鹏，樊纲.中国分省份市场化指数报告（2021）.北京：社会科学文献出版社，2021：223-237.

［188］王鑫鑫，张书敏，窦炜.地方审计体制改革："治理监督"还是"放任自流"？——来自地方国有企业并购重组业绩承诺可靠性的经验证据［J］.上海财经大学学报（哲学社会科学版），2023，25（1）：49-63.

[189] 王艳艳，王迪，李文涛.政府审计官员任期会影响国家审计效率吗？——基于国有资产保值增值的经验证据［J］.厦门大学学报（哲学社会科学版），2020（2）：105-117.

[190] 王扬.监督视阈下审计督促整改权及其实现机制研究［J］.审计研究，2020（4）：22-27，50.

[191] 王永海.论加强党对审计工作的领导［J］.审计研究，2024（1）：11-17.

[192] 王跃堂，黄溶冰.我国政府审计质量控制体系研究［J］.审计与经济研究，2008，23（6）：15-20.

[193] 王在桥.省以下地方审计机关人财物如何统一、科学管理探究［R］.湖北省审计厅，2015.

[194] 王祯昌，闫泽滢.中国政府预算审计制度博弈分析——基于利益相关者理论的视角［J］.审计与经济研究，2012（5）：11-19.

[195] 王智玉.审计信息化与审计组织方式［J］.审计研究，2011（4）：39-42.

[196] 魏浩，涂悦.进口经历与企业出口市场退出概率偏高之谜［J/OL］.世界经济，2024（1）：86-117［2024-04-23］.

[197] 吴建南，李贵宁，侯一麟.财政管理、角色定位与组织绩效——不同资源禀赋下西部某市乡镇政府的经验研究［J］.管理世界，2008（12）：64-74.

[198] 吴秋生，郭檬楠，上官泽明.地方审计机关负责人任免征求上级意见提高审计质量了吗？——来自我国地市级审计机关负责人任免的证据［J］.审计研究，2016（4）：28-34.

[199] 吴秋生，郭檬楠.国家审计督促国企资产保值增值的功能及其实现路径——基于十九大关于国企与审计管理体制改革要求的研究［J］.审计与经济研究，2018，33（5）：12-20.

[200] 吴秋生，郭伟.领导人与负责人任期稳定性和一致性对省级审计机关绩效影响研究［J］.商业经济与管理，2017（5）：89-96.

[201] 吴伟荣，郑宝红.签字注册会计师任期、媒体监督与审计质量研究

[J].中国软科学，2015（3）：93-104.

［202］吴武清，赵越，苏子豪.企业信息化建设与审计费用——数字化转型时期的新证据［J］.审计研究，2022（1）：106-117.

［203］吴晓波.激荡十年，水大鱼大［M］.北京：中信出版社，2017.

［204］吴勋，王琳.财政分权、区域经济发展与国家审计功能——基于省级审计机关的面板数据分析［J］.经济问题，2015（10）：107-112.

［205］吴勋，王雨晨，高黎力.国家审计机关地位与审计功能的实现——基于《中国审计年鉴》的分析［J］.西安财经学院学报，2017（5）：51-56.

［206］吴一平，周彩，杨芳.中央审计监督与地方财政违规查处——来自审计署驻地方特派员办事处的证据［J］.经济理论与经济管理，2022，42（9）：52-67.

［207］武恒光，王良玉，李学岚.债券市场参与者关注国家审计的治理效应吗——来自地方债信用评级和发行定价的证据［J］.宏观经济研究，2019（2）：46-68.

［208］谢柳芳，孙鹏阁，郑国洪，等.政府审计功能、预算偏差与地方政府治理效率［J］.审计研究，2019（4）：20-28.

［209］谢志华，程恺之.新技术与审计方法的变革［J］.审计研究，2023（1）：3-11.

［210］谢治菊.诱致性制度变迁视角下乡村振兴的实现路径——基于塘约经验的分析［J］.探索，2019（6）：173-182.

［211］徐超，庞雨蒙，刘迪.地方财政压力与政府支出效率——基于所得税分享改革的准自然实验分析［J］.经济研究，2020，55（6）：138-154.

［212］徐京平，骆勇，张秦.国家审计、审计质量与审计边界——一个文献综述［J］.学术界，2016（7）：43-54.

［213］杨开元，霍晓艳，刘斌.国家审计能降低国有企业审计风险吗？——来自省以下审计机关人财物管理改革的准自然实验［J］.审计与经济研究，2022，37（1）：25-32.

[214] 叶陈刚, 初春虹, 郑建明, 等. 区域文化、会计信息质量与审计意见[J]. 南京审计大学学报, 2020, 17 (5): 1-8.

[215] 叶陈刚, 黄冠华, 朱郭一鸣. 审计管理体制改革与地方国有企业投资效率——基于地方审计机关人财物试点改革的自然实验[J]. 审计与经济研究, 2021, 36 (3): 1-11.

[216] 叶子荣, 马东山. 我国国家审计质量影响因素研究——基于2002—2007年省际面板数据的分析[J]. 审计与经济研究, 2012, 27 (6): 12-24.

[217] 于文超, 王丹. 数字政府建设能降低企业非生产性支出吗？——来自中国上市公司的经验证据[J]. 财经研究, 2024 (1): 124-138.

[218] 余思明, 徐伶俐, 魏芳. 互联网发展与国家审计质量——基于省级、市级面板数据的证据[J]. 宏观质量研究, 2024, 12 (1): 31-45.

[219] 余应敏, 杨野, 陈文川. 财政分权、审计监督与地方政府债务风险——基于2008—2013年中国省级面板数据的实证检验[J]. 财政研究, 2018 (7): 53-65.

[220] 喻开志, 王小军, 张楠楠. 国家审计能提升大气污染治理效率吗？[J]. 审计研究, 2020 (2): 43-51.

[221] 袁淳, 肖土盛, 耿春晓, 等. 数字化转型与企业分工：专业化还是纵向一体化[J]. 中国工业经济, 2021 (9): 137-155.

[222] 袁亮亮, 罗党论, 郭蒙. 新时代国有企业内部审计：现状、发展与挑战——来自问卷调查的经验证据[J]. 财会月刊, 2021 (21): 92-99.

[223] 袁野. 推进新时代大数据审计工作的思考[J]. 审计研究, 2020 (1): 3-6.

[224] 岳利萍, 杨欣怡. 双重环境目标约束下的产业转型升级："减污降碳"何以"协同增效"[J]. 中国人口·资源与环境, 2024 (1): 46-58.

[225] 张鼎祖, 刘爱东. 制度环境、政府间竞争与地方审计机关效率——基于省际面板数据的空间计量分析[J]. 会计研究, 2015 (3): 87-93.

[226] 张豪, 戴静, 张建华. 政策不确定、官员异质性与企业全要素生产率[J]. 经济学动态, 2017 (8): 49-61.

[227] 张俊民, 张莉. 国家审计本质认识演进研究——基于审计目的与审计技术手段角度的考察[J]. 财经论丛, 2016 (12): 65-74.

[228] 张立民, 许钊. 审计人员视角下的国家审计推动完善国家治理路径研究[J]. 审计研究, 2014 (1): 9-17.

[229] 张龙平, 李苗苗, 陈丽红. 国家审计会影响低碳发展吗?——基于中国省级面板数据的实证研究[J]. 审计与经济研究, 2019, 34 (5): 9-21.

[230] 张琦, 孙旭鹏. 政府审计独立性提升的治理效应——以审计机关人财物改革对公务接待行为的影响为例[J]. 会计研究, 2021 (1): 167-178.

[231] 张庆龙, 何佳楠, 顾青青, 等. 场景审计: 数字化时代商业银行内部审计工作模式[J]. 审计研究, 2021 (4): 119-128.

[232] 张庆龙, 邢春玉, 芮柏松, 等. 新一代内部审计: 数字化与智能化[J]. 审计研究, 2020 (5): 113-121.

[233] 张铁男, 曾庆成. 信息技术与企业组织运行效率[J]. 工业技术经济, 2003 (2): 62-64.

[234] 张樘. 新媒体视域下公众参与环境治理的效果研究——基于中国省级面板数据的实证分析[J]. 中国行政管理, 2018 (9): 79-85.

[235] 张晓峰. 新时代新征程国家审计发展的路径[J]. 审计研究, 2024 (2): 3-8.

[236] 张晓玲. 中国共产党审计思想研究 (1921—1949) [J]. 财经研究, 2021, 47 (11): 20-33.

[237] 张兴祥, 庄雅娟. 两阶段制度变迁模式与地方政府制度创新——以厦门市分级诊疗改革为例[J]. 经济学动态, 2017 (10): 68-80.

[238] 张永珅, 李小波, 邢铭强. 企业数字化转型与审计定价[J]. 审计研究, 2021 (3): 62-71.

[239] 张佑林. 区域文化与区域经济发展[M]. 北京: 社会科学文献出版社, 2007.

[240] 张竹林, 施建军. 心理契约违背、情感承诺与降低审计质量行为[J].

经济问题，2017（10）：121-125.

[241] 赵放，蒋国梁，李金甜.经济增长压力与政府审计质量——来自经济增长目标的证据［J］.审计研究，2022（5）：37-48.

[242] 赵广礼.试论审计体制改革：变迁和未来［J］.审计研究，2019（6）：44-49.

[243] 赵劲松.关于我国政府审计质量特征的一个分析框架［J］.审计研究，2005（4）：65-68.

[244] 赵向阳，李海，孙川.中国区域文化地图："大一统"抑或"多元化"？［J］.管理世界，2015（2）：101-119.

[245] 赵星.新型数字基础设施的技术创新效应研究［J］.统计研究，2022，39（4）：80-92.

[246] 赵云辉，张哲，冯泰文，等.大数据发展、制度环境与政府治理效率.管理世界，2019，11：119-132

[247] 郑石桥，徐孝轩，宋皓杰.国家审计治理指数研究［J］.南京审计学院学报，2014，11（1）：89-96.

[248] 郑石桥，尹平.审计机关地位、审计妥协与审计处理执行效率［J］.审计研究，2010（6）：53-58.

[249] 郑石桥，郑羽飞.区域文化价值观对国家审计结果生产和运用的影响——基于区域文化价值观和地方审计数据［J］.南京审计大学学报，2021，18（6）：20-30.

[250] 郑伟，张立民，崔雯雯，邢春玉.信息技术与国家审计质量——基于违规金额和地区生产总值的视角［J］.审计与经济研究，2020（4）：1-8.

[251] 周敏李，王会金，李媛媛.国家审计促进地区宏观税负降低机理研究——减税降费的视角［J］.审计研究，2021（1）：40-49.

[252] 周泽将，胡帮国，庄涛.审计委员会海归背景与内部控制质量［J］.审计研究，2020（6）：114-121.

[253] 朱松，柯晓莉.审计行业监管有效性研究——基于证监会处罚公告后事务所策略选择的经验证据［J］.财经研究，2018（3）：56-67.

[254] 朱颖, 赵颖博, 邓淑莲, 等. 公众诉求与地方财政透明度——基于中国省级面板数据的经验分析 [J]. 财经研究, 2018 (11): 90-105.

[255] 邹薇, 金婉舒. "过劳贫困"会降低流动人口的定居意愿吗?——基于流动人口动态监测调查数据的研究 [J]. 劳动经济研究, 2022, 10 (4): 3-24.

后　记

新时代以来，国家审计已成为党和国家监督体系的重要组成部分，以及推动国家治理体系和治理能力现代化的重要力量。尽管如此，国家审计的首要定位仍然是经济监督，特别是习近平总书记在二十届中央审计委员会第一次会议提出要将其打造为经济监督的"特种部队"，这对国家审计质量提出了更高的要求。习近平总书记在会议上还强调：审计整改"下半篇文章"与审计揭示问题"上半篇文章"同样重要，必须一体推进；这其实也是对提高审计揭示问题质量和审计整改质量提出的要求。习近平总书记关于审计工作的重要论述，应当是当前开展国家审计理论研究特别是国家审计质量研究的重要理论依据。

实际上，国家审计质量一直以来都是国家审计理论研究的热点话题。本书的写作是我过去5年从事国家审计理论研究成果的集中体现。我有幸在2019年9月作为项目主持人开始承担国家自然科学基金青年项目"管理体制改革、信息技术进步与国家审计治理能力"（项目编号：71902108）的研究。经过5年的深入研究，项目组先后在《会计研究》《审计研究》《财政研究》《审计与经济研究》等CSSCI期刊发表多篇论文，为本书的写作奠定了良好的基础。项目组在2023年1月提交了国家自然科学基金青年项目的结题报告，并在2023年3月31日收到了国家自然科学基金委管理科学部的项目准予结题通知。本书是在国家自然科学基金青年项目的研究成果基础上继续拓展研究形成的。

过去5年中，我有幸于2019年11月至2021年10月在审计署审计科研所从事在职博士后研究。审计署审计科研所为我精心选择了两位有名的合作导师，署内导师是崔振龙司长，署外导师是谢志华教授。在博士后研究期

后 记

间，我对国家审计理论研究和国家审计工作实践有了更全面、更深刻的认识。本书的一些内容是在博士后研究期间形成的，非常感谢两位合作导师对我的关心和指导！也非常感谢审计署审计科研所刘力云所长、审计署农业水利审计局局长姜江华对我的关心和帮助！

本书的较多内容是在山西财经大学从事教学和科研工作的成果，感谢山西财经大学的吴秋生教授、续慧泓教授、杨瑞平教授、王少华副教授、郭檬楠副教授等给予的支持与帮助！在本书的写作过程中，还得到了我曾经指导过和现在正指导的多位会计学硕士研究生的帮助，他们分别是赵晓艳、白玮东、李昕柔、刘晓凤、李璐璐、张媛媛、张瑶、姚芸蕾、孙金鱼、李少颖、封振睿；值得一提的是，赵晓艳、白玮东、李璐璐、张媛媛分别考取了博士研究生。在本书的汇总和校对阶段，得到了我指导的多位会计硕士和审计硕士的协助，他们分别是李毅、于景丹、李耀文、崔精雨、高中泰、郭琳、吴毓璇、杨媛舒、孔令湉、郭彬、房琳、韩欣钰等。在此，对他们的辛勤付出表示深深的谢意！

衷心感谢国家自然科学基金青年项目"管理体制改革、信息技术进步与国家审计治理能力"（项目编号：71902108）的资助，感谢中国财政经济出版社编校人员在本书出版过程中的辛勤付出。

理论研究充满魅力，吾将上下而求索！本书的出版将是我从事国家审计理论研究的新起点。当然，即便在本书的写作过程中花费了大量的心血和时间，但是囿于个人阅历和公开资料的有限，本书不免存在一些疏漏甚至可能是错误，欢迎各位读者批评指正！

上官泽明
2024年7月